宁波大学一流专业建设项目（会计学）和国际化专业

金融衍生工具与企业风险

基于管理者能力视角

程玲莎 著

JINRONG YANSHENG GONGJU
YU QIYE FENGXIAN
JIYU GUANLIZHE NENGLI SHIJIAO

中国财经出版传媒集团
经济科学出版社
Economic Science Press

图书在版编目（CIP）数据

金融衍生工具与企业风险：基于管理者能力视角/程玲莎著．
—北京：经济科学出版社，2020.12
ISBN 978－7－5218－2130－7

Ⅰ.①金…　Ⅱ.①程…　Ⅲ.①上市公司－金融衍生
产品－风险管理－研究－中国　Ⅳ.①F279.246②F832.5

中国版本图书馆 CIP 数据核字（2020）第 241952 号

责任编辑：周秀霞
责任校对：李　建
责任印制：李　鹏　范　艳

金融衍生工具与企业风险：基于管理者能力视角

程玲莎　著
经济科学出版社出版、发行　新华书店经销
社址：北京市海淀区阜成路甲 28 号　邮编：100142
总编部电话：010－88191217　发行部电话：010－88191522
网址：www.esp.com.cn
电子邮箱：esp@esp.com.cn
天猫网店：经济科学出版社旗舰店
网址：http://jjkxcbs.tmall.com
北京季蜂印刷有限公司印装
710×1000　16 开　15.75 印张　200000 字
2020 年 12 月第 1 版　2020 年 12 月第 1 次印刷
ISBN 978－7－5218－2130－7　定价：59.00 元
（图书出现印装问题，本社负责调换。电话：010－88191510）
（版权所有　侵权必究　打击盗版　举报热线：010－88191661
QQ：2242791300　营销中心电话：010－88191537
电子邮箱：dbts@esp.com.cn）

前　言 ◀

　　随着经济全球化的推进，企业会面临更多的汇率风险、利率风险和商品价格风险。国际要素市场的不确定性更加凸显了风险管理的重要性，同时也推动着风险管理手段的发展和创新。其中，以期货、远期、期权和互换为代表的金融衍生工具最为引人注目。对于越来越多的企业来说，使用金融衍生工具已经成为抵御市场风险不可或缺的风险管理手段。因此，金融衍生工具研究成为近年来特别是全球金融危机背景下财务学研究的热点问题。长期以来，国内外学术界对于金融衍生工具的研究主要集中在公司财务特征、管理者风险偏好和公司治理结构方面。尽管在这些领域上已经取得了大量的研究成果，但到目前为止尚没有达成一致性的结论。尤其是对于金融衍生工具使用越频繁、财务越复杂的企业，传统的风险管理理论难以完全解释风险管理行为的动因及其经济后果。

　　与成熟市场相比，中国金融衍生工具市场的发展起步较晚。西方发达国家早在 20 世纪 70 年代就已经出现并开始使用金融衍生工具，而中国 1990 年开始推出金融衍生工具，并且在 2008 年以后金融衍生工具的使用才有了较大规模的发展。由于金融衍生工具交易活动的复杂性和会计准则的复杂性，使用金融衍生工具会在很大程度上受到管理者对金融衍生工具的认识，以及对相关信息的理解、判断和决策能力的影响。近年来的实证研究发现，管理者"特征"或"风格"显著影响企业金融衍生工具使用。从研究方法上看，尽管对金融衍生工具使用及其经济后果的影响因素研究从单纯基于传统公司金融学研究到行为金融学研究的演进，但管理者的年龄、性别和从业经历等显性特质因素仍是研究重点。但这些因素仅仅是管理者个体特质的"冰山一角"，管理者的隐性特质如能力、品质、声誉等因素才是影响其认知及其行为的关键。因此，管理者隐性特质如何影响金融衍生工具使用及其经济后果尚处于起步阶段。从研究内容上看，已有研究几乎全部基于美国企业数据。事实上，与发展中国家相比，美国的企业拥有更高效率的业务流程管理，这意味着，管理者异质性特征可能在包括中国在内的发展中国家的企业决策中会发挥更为重要的作用。

管理者能力是管理者的重要个人特征。管理者能力是指管理者利用与控制各种企业资源，为企业创造有效产出的能力。那么，管理者能力是否是中国上市公司金融衍生工具使用及其经济后果的重要影响因素？为解答这个重要问题，本书以中国非金融上市公司 2008～2019 年的数据为研究样本，并以"金融衍生工具与企业风险：基于管理者能力视角"为选题，从管理者异质性的角度，试图回答如下问题：第一，我国上市公司从事金融衍生工具交易的过程中具备哪些特征？第二，中国上市公司的金融衍生工具使用产生怎样的经济后果？第三，管理者能力特征如何影响企业金融工具使用及其经济后果，如何理解其作用条件和传导机制？

本书主要包括三大部分：

第 1 章至第 4 章是本书的研究基础部分。其中第 1 章是导论，包括本书的研究背景、研究目标、研究意义、研究思路和内容安排等方面。第 2 章对本书所涉及的重要概念进行论述，包括金融衍生工具的含义及其特点、经济功能和实现方式、金融衍生工具的产生、发展和监管制度演进等内容。第 3 章是对本书所涉及的主要研究领域进行文献综述和理论分析，在回顾已有研究成果的基础之上做出简要的评价，并引出本书将要尝试的突破与创新。第 4 章是中国上市公司金融衍生工具交易状况的统计分析。分别从金融衍生工具持有目的、交易类型和交易品种，企业特征和行业特征等方面阐述我国上市公司使用金融衍生工具的交易状况，本章的调查结论将为后面章节的内容提供数据基础。

　　第 5 章至第 7 章是本书的主体部分。根据本书的研究思路，这一部分又被分为两个部分：第一部分是第 5 章和第 6 章，实证检验了管理者能力特征对中国上市公司金融衍生工具使用的经济后果（企业风险）的影响、作用条件和传导机制。其中，第 5 章检验了管理者能力、金融衍生工具使用与企业风险之间的相互关系，并进一步从股权结构和信息不对称程度理解管理者能力效用发挥的作用条件及其作用机理。考虑到以前的实证研究多是从管理者背景特征衡量管理者能力，因此进一步从 CEO 年龄、性别和职业背景维度对管理者特征影响进行再检验；第 6 章检验公司治理的监督机制对管理者能力作用发挥的影响，分别从外部公司治理的监督机制（分析师跟踪、媒体关注、机构投资者持股）和内部公司治理的监督机制（内部公司治理水平）考察监督机制的调节作用。第二部分是第 7 章。选取典型企业进行案例研究，从管理者层面分析这些企业运用金融衍生工具的特殊动因以及造成巨额亏损的关键原因，为今后运用金融衍生工具提取经验教训。案例研究结论对实证研究进行补充。从整体上来看，形成了"影响因素（管理者能力）—行为（金融衍生工具使用）—经济后果（企业风险）"这一完整的研究路径。

第8章是结论与建议，是对全书研究发现的系统总结，在此基础上提出一些政策建议，最后分析研究中的不足，为未来研究指明了方向。

本书的主要研究结论如下：

（1）中国上市公司在金融衍生工具使用上呈现出以下特征：第一，利用金融衍生工具规避金融风险已经逐渐成为管理层的共识，同时上市公司对使用金融衍生工具仍旧持较为谨慎的态度，表现为金融衍生工具的头寸水平较低；第二，各行业在金融衍生工具的使用上差异很大，逾75%的使用企业属于制造业；第三，外汇类金融衍生工具交易是最常使用的交易类型，其他依次为商品类、利率类和权益类金融衍生工具交易，而且利率类和外汇类金融衍生工具交易发展最为迅速；第四，金融衍生工具使用品种单一，而且在各交易类型中的分布很不均衡。近84%的合约品种为外汇远期和商品期货；相对于场内衍生品交易，更多企业在从事场外交易。

（2）金融衍生工具使用与企业风险之间呈显著负相关关系，且两者负向关系更少地出现在管理者能力更高的企业，表明管理者能力对金融衍生工具使用与企业风险关系存在负面影响，管理者能力较高的企业在金融衍生工具使用上的投机行为更为明显。实证结果支持了"管理者寻租观"假说，有能力的管理者偏好更具风险性的交易活动，以实现自利目的。管理者自由裁量权是管理者能力影响的作用条件，管理者能力影响大小会受到股权集中度和信息透明度的影响。

（3）公司治理的监督机制能够有效缓解管理者能力的负面影响。表现为，分析师跟进、媒体关注、机构投资者持股比例和内部治理水平等监督机制能够削弱管理者能力、金融衍生工具与企业风险之间的正向关系。表明严格监管能够对金融衍生工具交易形成制度保证，企业会更加规范和审慎从事金融衍生工具交易，这有利于减少管理者投机套利行为；公司治理能够限制管理者自由裁量权的大小，当管理者的决策选择受到制度环境制约时，管理者个人特征对企业决策及其后果的影响将被削弱。

目 录 ◀

第1章 导　　论

1.1　研　究　背　景

随着经济全球化的推进，企业会面临更多的汇率、利率和商品价格风险。国际要素市场的不确定性更加凸显了风险管理的重要性，同时也推动着风险管理手段的发展和创新。其中，以期货、远期、期权和掉期为代表的金融衍生工具最为引人注目。对于越来越多的企业来说，使用金融衍生工具已经成为抵御市场风险不可或缺的风险管理手段。也因此，金融衍生工具研究成为近年来特别是全球金融危机背景下财务学研究的热点问题。

金融衍生工具的快速发展和广泛使用也给学术界提出了重要的问题：从公司财务理论的角度看，掌握着公司资源和决策经营权的管理者对金融衍生工具使用及其经济后果有什么影响？哪些因素影响了管理者效应？长期以来，国内外学术界对于金融衍生工具的研究主要集中在以下几个方面：一是在公司财务特征方面，这部分的研究认为，企业使用金融衍生工具进行风险管理的目的是为了减少现金流波动和增加预期现金流（Smith & Stulz，1985），财务困境成本（Haushalter，2000；Kuersten & Linde，2011）、投资机会（Froot et al.，2005；Allayannis & Ofek，2001；Lin & Smith，2007）、税收支出（Dionne & Triki，2005；Bartram et al.，

2009）等公司财务特征对金融衍生工具使用存在显著影响，基于这些动机的金融衍生工具使用能够提升企业价值（Allayannis & Weston, 2001; Clarke et al. , 2006; 黄祖辉等, 2010; 郑莉莉、郑建明, 2012）。二是在管理者风险偏好方面，这部分研究认为，相对于股东，管理者往往是风险厌恶的，管理者风险偏好是影响金融衍生工具的关键因素（Guay, 1999; Carpenter, 2000; Bartram et al. , 2009）。如果管理者从保护自身利益出发进行风险管理，其风险管理行为不一定会使股东受益（Smith & Stulz, 1985; Lookman, 2005; Allayannis et al. , 2012）。三是在公司治理结构方面，这些学者认为，公司治理会显著影响管理者使用金融衍生工具的动机（Brunzell et al. , 2011; Lel, 2012），换言之，在不同的公司治理水平企业中，企业财务特征、管理者风险偏好与金融衍生工具决策之间的相关性会有差异。而且公司治理水平会影响金融衍生工具使用的经济后果（Allayannis et al. , 2012）。尽管在这些领域中已经取得了大量的研究成果，但到目前为止尚没有达成一致性的结论。尤其是对于金融衍生工具使用更频繁、财务更复杂的企业，传统的风险管理理论难以完全解释风险管理行为的动因及其经济后果（Bartram et al. , 2009）。

所有权与经营权相分离形成了股东和管理者两个不同的利益群体，企业的行为在很大程度上表现为管理者的行为。因此，从管理者行为角度出发研究风险管理问题就显得尤为重要。委托代理理论和高层梯队理论构成了解释管理者行为差异的两个主要理论。就金融衍生工具研究来说，我们认为该领域的文献存在如下不足：

（1）管理者异质性特征与金融衍生工具使用的相关文献极为缺乏。由于认知能力、信仰、个人偏好等各方面的差异，导致管理者在企业决策选择上必然存在较大的差异性。玛门迪尔等

（Malmendier et al.，2011），克隆奎斯特等（Cronqvist et al.，2012），姜付秀等（2009），何威风、刘启亮（2010），李焰等（2011）使用高层梯队理论较好地解释了公司行为和经济后果上的差异。这些研究提示我们，如果在金融衍生工具决策中忽视了管理者自身能力的作用，可能会影响到研究结论的有效性。然而，从国内外文献来看，我们尚未发现系统地从管理者异质性特征角度研究衍生金融行为的文献。

（2）代理问题与金融衍生工具使用的研究有待扩展。虽然研究发现，公司治理特征会在一定程度上影响企业是否使用金融衍生工具，但是绝大部分文献并未进一步探究公司治理因素的作用机制和传导路径，因此，其结论无法较好地解答"基于风险管理目标的金融衍生工具使用为什么会在不同企业中产生相异甚大的风险管理效果"。虽然布伦赛尔（Brunzell et al.，2011）和雷尔（Lel，2012）指出，公司治理的作用机制可能会体现在管理者使用金融衍生工具的动机上，但是，这两篇文献所关注的样本企业多处于公司治理状况较好的国家（尤其是美国），因此这些结论是否能推广到处于经济转型期的中国，尚有待于经验证据的支持。

因此，本书以"管理者能力、金融衍生工具使用与企业风险"为选题，从"管理者异质性"的角度，考察管理者能力特征对中国上市公司金融衍生工具使用的经济后果（企业风险）的影响及其作用条件和传导机制。在本书的研究期间内，中国资本市场经历了次贷危机、逐步深化的汇率和利率市场化改革，中国企业的进出口贸易额和对国际原材料价格波动的敏感性逐年增长，这些研究背景本身就为本书的研究提供了极佳的窗口期。本书所使用的金融衍生工具数据均来自上市公司年度报告的手工收集，2007年实施的《企业会计准则》对上市公司金融衍生工具信息披露的相关要求为数据的获取提供了保障。

1.2　研究目的及意义

本书试图通过研究回答以下主要问题：（1）我国上市公司从事金融衍生工具交易的过程中具备哪些特征？（2）管理者能力特征如何影响企业金融工具使用及其经济后果，如何理解其作用条件和传导机制？

本书的贡献主要体现在以下方面：

1. 理论意义

扩展了金融衍生工具和企业风险研究内容，丰富了风险管理理论。鉴于中国特殊的制度和市场环境，将管理者能力特征和代理问题纳入研究范畴。首先，现有对金融衍生工具使用与企业风险关系的影响因素研究主要集中在现金流波动、管理者激励、公司治理等方面。本书基于管理者异质性视角探讨金融衍生工具使用对企业风险作用的发挥条件，有助于拓展和丰富该领域的文献，为金融衍生工具交易的管理机制构建提供理论依据。其次，拓展了管理者能力研究的范围。已有研究对使用衍生品是否降低企业风险提供了不同的结论（例如 Guay，1999；Hentschel & Kothari，2001；Bartram et al.，2011）①。本书研究表明，金融衍生工具使

① 例如，盖伊（Guay，1999）和巴特拉姆等（Bartram et al.，2011）研究发现，企业使用金融衍生工具降低总风险和系统性风险。相反，亨切尔和科塔里（Hentschel & Kothari，2001）发现，使用金融衍生工具的企业与未使用金融衍生工具的企业在风险上没有明显差异。

用对企业风险的影响很大程度上取决于管理者能力。更重要的是，研究结果表明，管理者能力对金融衍生工具使用与企业风险之间的负相关关系会产生负面影响。这意味着，与管理者能力较低的企业相比，管理者能力较高的企业在金融衍生工具使用上的投机行为更为明显。最后，代理理论将公司行为的不同归因于公司治理机制强度的差异，那么公司治理是如何影响管理者使用风险管理的动机进而影响决策制定，学者们未予以很好的解答。通过公司治理视角，可以更清楚地解释在相关经验研究中的一些看似"互为矛盾"的结论，从而为本领域的研究提供了明确的结论。

2. 实践意义

本书的研究对理解中国上市公司的风险管理行为提供了新的经验证据：在实践上可以回答中国是否应该以及如何继续发展金融衍生工具和构建多层次的金融市场；为理解企业内部管理层行为策略及其后果提供了经验证据；让投资者正确理解企业运用金融衍生工具的价值，而不是"闻衍色变"。同时也将对转型经济背景下金融衍生工具的风险管理功能等做出有益的理论探索。本书的研究结果对其他新兴市场国家也具有较强的借鉴意义。

1.3　研究思路与内容安排

本书的总体思路是"影响因素（管理者能力）—行为（金融衍生工具使用）—经济后果（企业风险）"，从管理者能力特征影响因素入手，探究管理者能力特征对中国上市公司金融衍生工具使用的经济后果（企业风险）的影响及其作用条件和传导机制。因此，本书的研究问题是逐层深入、由因及果的。

遵循上述研究思路，本书的结构及内容安排见图1－1。

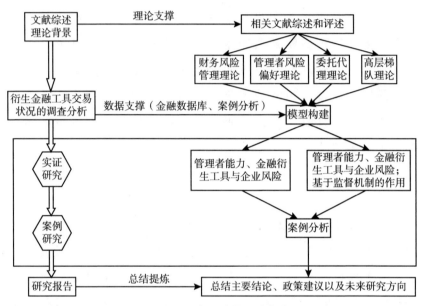

图1－1　研究思路及研究框架

第1章是导论部分。主要包括本书的研究背景、研究目标和意义、研究思路和内容安排、研究方法等方面。

第2章对本书所涉及的重要概念进行论述。在金融衍生工具的含义及其特点的基础上，进一步深入介绍金融衍生工具的经济功能和实现方式，以及金融衍生工具的产生、发展和监管制度演进。

第3章对本书所涉及的主要研究领域进行文献综述。具体来说，包括金融衍生工具使用的影响因素以及金融衍生工具使用的经济后果影响方面的各种理论解释和经验证据。

第4章是中国上市公司金融衍生工具交易状况的统计分析，回答"我国上市公司从事金融衍生工具交易的过程中具备哪些特征"问题。根据2009~2015年13 428家非金融业上市公司公开披露的数据，从金融衍生工具持有目的、交易类型和交易品种、企业特征和行业特征等方面阐述我国上市公司使用金融衍生工具的交易状况，本章的调查结论为后续实证章节提供数据基础。

第5章和第6章是实证分析，回答"管理者能力特征如何影响企业金融工具使用及其经济后果，如何理解其作用条件和传导机制"问题。高层梯队理论是解释管理者行为差异的主要理论，基于该重要理论，本章从管理者能力特征视角探究金融衍生工具使用及其经济后果的影响因素及其作用调节。基本的结构及内容安排如下：首先，基于高层梯队理论理论，第5章检验中国上市公司金融衍生工具使用与企业风险之间的关系，以及管理者能力高低对两者之间关系的影响，并进一步从股权结构和信息不对称程度理解管理者风险效用发挥的作用条件如何影响金融衍生工具。考虑到以前的实证研究多是从管理者背景特征衡量管理者能力，因此本书从CEO年龄、性别和职业背景等维度考察管理者异质性特征对金融衍生工具使用与企业风险关系的影响。第6章检验不同的公司治理的监督机制强度下，管理者能力、金融衍生工具使用与企业风险三者的关系。分别从外部公司治理的监督机制（分析师跟踪、媒体关注、机构投资者持股）和内部公司治理的监督机制（内部公司治理水平）考察监督机制的调节作用。这样就形成了"影响因素—行为—经济后果"这一完整的研究路径。

第7章是案例分析。选取典型企业进行案例研究，从管理者层面分析这些企业运用金融衍生工具的特殊动因以及造成巨额亏损的关键原因，为今后运用金融衍生工具提取经验教训。案例研究结论对实证研究进行补充。

第 8 章是结论与建议。是对全书研究发现的系统总结，在此基础上提出一些政策建议，最后分析研究中的不足，为未来研究指明了方向。

1.4　研究方法与研究样本

结合中国上市公司特殊的制度和经济背景环境，本书以大样本实证研究方法为主，并采取一些规范性的研究方法。同时，本书对每章的实证结论都进行了稳健性测试，具体表现在：（1）对主要变量进行多维度衡量，从而形成多个模型，然后考察这些模型的回归结果是否一致；（2）对于同一个问题，从不同的角度和方法进行研究，譬如单变量检验、替代样本回归分析、PSM 倾向得分匹配模型和 Heckman 两阶段模型等。

本书选取 2009～2015 年中国上市公司为研究对象，由于相关变量计算要用到滞后期数据，因此实际样本区间为 2008～2019年。金融衍生工具数据是根据上市公司年报信息手工收集得出；计算管理者能力的基础数据主要来自国泰安数据库和万德数据库，并根据新浪财经、巨潮咨询等网站手工收集数据来补齐缺失值；其他数据（包括财务特征数据和公司治理数据）均来自国泰安数据库。此外，本书还采用数据截尾处理和行业中位数调整等数据处理方法。为了保持本书的一致性和可比性，实证章节都使用同样方法对待选样本进行预处理。

第 2 章　金融衍生工具概述

金融衍生工具，是与基础金融产品相对应的一个概念，是一种其价格随基础金融产品的价格（或数值）变动的派生金融产品。自 20 世纪 70 年代开始金融衍生工具交易以来，金融衍生工具市场成交额节节上升，对经济产生的影响越来越显著。尽管从金融衍生工具产生的第一天起，有关衍生工具的性质、功能及其对经济的影响的争议就从来没有停止过，但是金融衍生工具已经发展成各类机构、公司以及个人管理风险、投资、投机等日常金融、经济活动的常用工具。本章在阐述金融衍生工具的含义及其特点的基础上，进一步深入介绍金融衍生工具的经济功能和实现方式，以及金融衍生工具的产生、发展和监管制度演进。

2.1　金融衍生工具的定义

金融衍生工具，英文名称是 Financial Derivatives，简称 Derivatives，国内叫法不统一，常见的译称有金融衍生工具、衍生金融工具或衍生工具等。巴塞尔银行监督委员会在《巴塞尔资本协议Ⅲ》中规定："金融衍生交易合约的价值取决于一种或多种基础资产的价值或相关乘数，除了远期、期货、互换（掉期）和期权等基本合约形式之外，具有以上任一种或多种特征的结构化金融工具也称为衍生工具。"国际会计准则委员会（IASC）在《国际会计准则第 39 号——金融工具：确认和计量》中对金融衍生工具做了如下定义："衍生工具，指具有如下特征的金融工具：其价值随着特定利率、证券价格、商品价格、外汇汇率、价格或汇率的指数、信用等级和信用指数或类似变量（有时称作标的）的变化而变化；要求初始净投资或相对于对市场条件具有类似反应的其他类型的合约要求的初始净投资少；在未来日期结算。其实质是一种面向未来的代表权利义务关系的合约。"标的资产包括的范围很广泛，可以是股票、债券等基础证券，可以是黄金、白银等贵金属，也可以是小麦、玉米、咖啡等大宗商品，甚至可以是不存在实务形态的股票指数、温度、污染指数等，如以股票为标的资产的衍生工具有股票期货、股票期权、股指期货、股票指数期权等。

我国财政部在 2006 年颁布的《企业会计准则第 22 号——金融工具确认和计量》中将衍生工具定义为具有下列特征的金融工具和其他合同："（一）其价值随着特定利率、金融工具价格、商品价格、汇率、价格指数、费率指数、信用等级、信用指数或其他类似变量的变动而变动，变量是非金融变量的，该变量与合同的任何一方不存在特定关系；（二）不要求初始净投资，或与对市场情况变化有类似反映的其他类型合同相比，要求很少的初始净投资；（三）在未来某一日期结算。衍生工具包括远期合同、期货合同、互换和期权，以及具有远期合同、期货合同、互换和期权中一种或一种以上特征的工具。"

综上所述，一般可以把金融衍生工具定义为：给予交易对手的一方，在未来的某个时间点，对某种基础资产拥有一定债权和相应义务的合约。广义上把金融衍生工具理解为一种双边合约或付款交换协议，其价值取自于或派生于相关基础资产的价格及其变化。

对金融衍生工具含义的理解包含三点：

1. 金融衍生工具是从基础金融工具衍生出来的

金融衍生工具是由金融基础工具衍生出来的各种金融合约及其各种组合形式。所谓基础金融工具主要包括货币、外汇、利率（如债券、商业票据、存单等）以及股票等。在基础金融工具的基础上，借助各种衍生技术，可以设计出品种繁多、特性各异的衍生工具。由于金融衍生工具是在基础金融工具上派生出来的产品，因此其价值主要受基础金融工具价值变动的影响；股票指数的变动影响股指期货的价格，认股权证跟随股价波动等。

2. 金融衍生工具是对未来的交易

金融衍生工具是在现时对金融基础工具未来可能产生的结果进行交易。其交易在现时发生而结果要到未来某一约定的时刻才能产生。金融衍生工具交易的对象并不是基础工具或金融商品本身，而是对这些基础工具或商品在未来各种条件下处置的权利和义务。

3. 金融衍生工具具有杠杆效应

金融衍生工具是通过预测基础金融工具的市场行情走势，以支付少量保证金签订远期合约或互换不同金融商品的衍生交易合约。市场参与者利用少量资金就可以进行几十倍金额的金融衍生工具交易，参与交易的各方讲求信用，具有以小博大的高杠杆效应。如果运用于套期保值，可在一定程度上分散和转移风险；如果运用于投机，可能带来数十倍于保证金的收益，也可能产生巨额的亏损。

2.2　金融衍生工具的特点

与基础金融工具相比，金融衍生工具具有明显的特点：

1. 结构复杂性

金融衍生工具是经济复杂性程度最高的金融产品之一（Chang et al.，2016）。对期货、期权和互换等基础金融衍生工具的理解和运用已属不易，而国际金融市场的"再衍生工具"进一步把期货、期权和互换进行组合，形成了构造更为复杂的结构化金融衍生工具。这种复杂多变的特性，导致金融衍生产品的设计要求较高的数学方法，同时大量采用现代决策科学方法和计算机科学技术，仿真模拟金融市场运作，在开发、设计金融衍生工具时，采用人工智能和自动化技术。这使得金融衍生工具一方面更具有充分的弹性，能够满足使用者的特定需要；另一方面导致复杂的衍生工具组合，难以被一般投资者理解、掌握和驾驭。

2. 交易成本较低

金融衍生工具能够得到套期保值者、投机者青睐，并迅速发展的重要原因之一，就是金融衍生工具可以用较低的交易成本来达到规避金融风险和投机获利的目的。金融衍生工具的成本优势在股指期货和利率期货的投资中表现尤为明显。例如，交易者不必逐一购买单只股票，只需要购买股票指数期货，便可用少量的资本投入、低廉的交易成本实现其对冲风险或投机获利的目的。又如，拥有浮动利率市场借款优势的借款人可以与拥有固定利率借款优势的借款人进行利率互换，从而达到降低双方借款成本的目的。

3. 设计灵活性

交易参与金融衍生工具市场的目的主要有实现套期保值、利用金融市场的价格波动进行投机套利、利用市场供求关系的暂时失衡套取无风险利润等。为适应不同市场参与者的需要，金融衍生工具可根据交易者所要求的时间、杠杆比率、风险等级、价格参数的不同进行设计、组合和拆分，从而创造出大量特性各异的金融衍生产品。

4. 虚拟性

虚拟性是指信用制度膨胀下，金融活动与实体经济偏离或完全独立的那一部分经济形态。它以金融系统为主要依托，其行为主要体现在虚拟资本（包括有价证券、产权、物权、金融衍生工具、资本证券化等）的循环运动上。虚拟经济是以信息技术为工具的经济活动，是一种涉及权益的经济。虚拟经济的运作需要以大量的衍生工具为媒介，交易者的交易对象正是虚拟化了的产权、信用和风险，交易的目的在于谋取差价。金融衍生工具独立于现实资本运动，是一种收益获取权的凭证，它本身没有价值，具有虚拟性，但却能给交易者带来收益。

2.3　金融衍生工具的分类

金融衍生工具品种繁多，有的在金融现货的基础上产生，结构和形势相对简单；有的则是通过组合再组合、衍生再衍生的方式而形成，集多种特点和功能于一身，十分复杂。不同的划分方法，同一衍生工具将归属于不同的种类。

1. 按照金融衍生工具产品形态和业务特点划分

根据金融衍生工具产品形态和业务特点，可划分为期货合约和远期合约、互换合约和期权合约。

第一类是期货合约（futures contract）。期货是买卖双方签订的在未来一个确定时间按确定的价格购买或出售某项标的物资产（underlying assets）的协议。期货合约中的"确定时间"一般称期货合约到期日或期限。期货合约的期限一般为 1 个月至 1 年。期货合约的交易在期货交易所进行，是主要的金融衍生工具之一，主要包括货币期货、利率期货和股票指数期货三种。

第二类是远期合约（forwards contract）。远期是合约双方同意在未来日期按照协定价格交换金融资产的合约。远期合约规定了将来交换资产的类别、交换的日期、价格和数量，合约条款因合约双方的需要不同而不同。与远期合约类似的另一衍生工具是期货合约。期货与远期都是在未来一定时间以一定价格购买或卖出标的资产的协议。两者的主要差别在于远期合约属于买卖双方的私人协议，而期货合约在期货交易所交易。其次，远期合约的合约期限、标的资产、交货地点等合约条款由双方商定，属于非标准合约，而期货合约的合约条款由交易所统一设定，属于标准化合约。主要包括远期利率协议、远期外汇合约、远期股票合约三种。

第三类是互换合约（swaps contract）。互换，也称掉期，是指双方达成的在未来一定期限内交换现金流的一项协议。交换的具体对象可以是不同种类的货币、债券，也可以是不同种类的利率、汇率、价格指数等。一般情况下，它是交易双方（有时也有两个以上的交易者参加同一笔互换合约的情况）根据市场行情，约定支付率（汇率、利率等），以确定的本金额为依据，相互为对方进行支付。主要包括货币互换和利率互换两类。

第四类是期权合约（options contract）。期权又称选择权，同样是交易双方之间签订的协议，该协议给予期权持有人（option holder）在未来特定的时间（到期日）或是该特定时间之前，以确定的价格（执行价），按事先规定的数量，买进或卖出标的资产的权利。有两种常见的期权合约：看涨期权（call option）和看跌期权（put option）。看涨期权又称买入期权，看跌期权也称卖出期权。看涨期权是赋予期权持有者在未来某个时点，按照合约规定，购买一定数量标的资产的权利。期权持有人购买标的资产的价格在期权合约中是规定的，称为期权的执行价格或敲定价格（exercise price 或 strike price）。当标的资产价格大于执行价格时，持有者执行看涨期权是有利可图的，因此它被称为"看涨期权"。但是这个购买的权力只有在某段时期内有效，称为期权期限（maturity，time to expiration）。看跌期权则是赋予期权持有者在未来某个时点，按照合约规定，卖出一定数量标的资产的权利。当标的资产价格小于执行价格时，持有者执行看跌期权是有利可图的，所以它被称为"看跌期权"。按执行期权的方式不同，通常由美式期权（american option）和欧式期权（european option）。欧式期权是指持有人只在期权到期日才能行权的期权合约，而美式期权则赋予持有人在期权到期日之前任何时点行权的权利。主要包括现货期权和期货期权两大类。

2. 按照基础工具种类的不同分类

按照基础工具的种类不同可划分为股权式衍生工具、货币式衍生工具和利率式衍生工具三种。

第一类是股权式衍生工具（equity derivatives）。股权式衍生工具是指以股票或股票指数为基础工具的衍生工具。主要包括股票期货、股票期权、股票指数期货、股票指数期权以及上述合约的混合交易合约。

第二类是货币式衍生工具（currency derivatives）。货币式衍生工具是指以各种货币作为基础工具的衍生工具。主要包括远期外汇合约、货币期货、货币期权、货币互换以及上述合约的混合交易合约。

第三类是利率式衍生工具（interest derivatives）。利率式衍生工具是指以利率或利率的载体为基础工具的衍生工具。主要包括远期利率协议、利率期货、利率期权、利率互换以及上述合约的混合交易合约。

3. 按照衍生工具交易场所的不同分类

按照交易场所的不同，可划分为场内交易的衍生工具和场外交易的衍生工具。

第一类是场内交易（derivatives traded on exchanges）。场内交易，又称交易所交易，指所有的供求方集中在交易所进行竞价交易的交易方式。这种方式由交易所审批交易者的会员资格，向交易者收取保证金，同时负责进行清算和承担履约担保责任。此外，由于每个投资者都有不同的需求，交易所事先设计出标准化的合同，由投资者选择与自身需求最接近的合同和数量进行交易。所有的交易者集中在一个场所进行交易，这就增加了交易的密度，一般可以形成流动性较高的市场。期货交易和部分标准化合同交易都属于这种交易方式。可见，场内交易市场管理更为严格。

第二类是场外交易（over-the-counter derivatives，即 OTC derivatives）。场外交易，又称柜台交易或店头交易，指交易双方直接成为交易对手的交易方式。这种交易方式有许多形态，可以根据每个使用者的不同需求设计出不同内容的产品。同时，为了满足客户的具体要求，出售衍生工具的金融机构需要有高超的金融技术和风险管理能力。由于每次交易的清算是由交易双方相互负责进行的，交易参与者仅限于信用程度高的客户。互换交易和远期交易是具有代表性的柜台交易的衍生工具。随着全球电子交易网络和自动清算系统的铺设，场外交易凭借较低的交易成本、较快的成交效率、可转让非上市证券等优点，发展速度大大快于交易所交易，并成为衍生工具交易的主要场所。

场外交易和场内交易的衍生工具的区别如下：一是场内交易合约是标准化的，交易成本较高，但如果投资资金较多的话，场内交易会更节省费用；场外交易合约由双方协商达成，有较大的灵活性，交易成本较低。二是场内交易有完备的清算程序和清算系统，将不履约的风险降低，大、小投资者能平等参与交易；场外交易合约能否履行，完全取决于交易双方，风险较大。三是场内交易有较高的透明度，有利于监管；场外交易由于没有系统的有约束力的交易秩序和章程，监管难度较大。次贷危机爆发后，国际场外金融衍生工具市场透明度极低、流动性不足和监管缺失的缺陷愈发明显，越来越多的国际金融机构将业务风险管理工具的使用由场外交易市场转向了透明度更高、流动性更强、监管更加有力的场内交易市场。

2.4 金融衍生工具市场的经济功能及其实现方式

金融衍生工具是市场经济发展到相当程度的产物，是市场经济体制框架中不可或缺的组成部分，集中体现金融创新和市场组织变革。可以从以下方面对金融衍生工具市场的经济功能进行定位。

1. 套期保值

套期保值（hedging），又称对冲风险，是指被套期项目和套期工具两项交易之间的对冲。金融衍生工具的重要功能之一是为套期保值者提供一种有效的风险管理手段，通过风险对冲方式，投资者可以将不愿意或没有能力承担的风险转嫁给其他的愿意承担且有能力承担的市场参与者。衍生工具之所以产生和发展的主要原因是其具有对冲风险的功能。在金融衍生工具产生以前，投资者除了能够利用多样化的组合投资加强内部风险控制等传统方法管理风险以外，对不能分散的系统性风险，尤其是利率、汇率、股票价格等风险缺乏有效的管理手段，投资者从事特定的经济活动时通常不得不承担这些风险。

以期货合约为例说明其对冲风险的含义和操作。在我国东北，大豆在每年的 4 月份开始播种，到 10 月份收获，有半年多的生长期。受市场供求变化的影响，大豆价格会发生波动。2008 年 4 月份时，大豆现货价 5 500 元/吨，预计半年后由于全球大豆丰收，大豆价格可能大幅下跌。因此生产者为了避免将来价格下跌，导致收入锐减的风险，决定在大连商品交易所进行大豆期货的套期保值交易。在播种后，豆农在期货市场市场上以 5 450 元/吨的价格抛售了与其大豆预计产量相当的大豆期货合约。如果半年后大豆现货价格跌到 5 250 元/吨，农民蒙受 250 元/吨的损失，而他在期货市场上又以 5 200 元/吨买进期货合约，平仓其持有的期货头寸。这相当于在期货市场获得 250 元/吨的盈利。现货市场亏损和期货市场盈利亏损相抵，农民种植大豆的风险实现了转移。

2. 价格发现

金融衍生工具的另一个主要经济功能是价格发现，即提供关于未来价格信息的能力。金融衍生市场的参与者根据自己了解的市场信息和对价格走势的预期，反复进行衍生工具的交易，在这种交易活动中，通过平衡供求关系，能够较为准确地为衍生工具形成统一的市场价格。衍生工具市场特别是交易所市场集中竞价的结果通过信息传播网络，传递到现货市场，成为现货市场价格变动的晴雨表和风向标。形成均衡价格并及时将这些价格向外界发布的过程就是价格发现功能。衍生工具的价格形成有利于提高市场透明度，衍生工具市场与基础市场的高度相关性，提高了整个市场的效率。下面以期货市场的价格发现功能为例进行讨论。

首先，现货价格与衍生工具价格的关系。某一种商品或资产的现货交易通常是买卖双方根据当时当地供给和需求状况确定的价格来进行。不同的交易地点，不同质量品种和交易规模的商品，现货资产成交价格也会有异。衍生工具市场的存在对现货价格的确定起到两个方面的作用：（1）衍生工具价格尤其期货价格为现货市场交易提供有效的参考价格。例如伦敦金属交易所的金属期货价格在过去相当长的一段时期成为全球基础金属交易的参考价。这种参考价格可以减少交易场上的搜索成本，提高资源配置效率。

（2）衍生工具价格与现货价格之间的套利关系为确定合理的现货价格提供依据。如果相对于期货期权价格来说，现货价格过低，套利者可以在买入现货商品的同时卖出期货合约或看涨期权，从而获取无风险利润。这种套利活动使期货期权价格和现货价格之间保持某种相对固定的关系。而且，在不同地点之间的现货市场上，现货资产的价格也必须维持一定的关系。它们的价差不能超过将商品从价格较低的地点运输到价格较高的地点所发生的成本。这样，期货市场的存在，使得现货价格与期货价格之间、不同点的现货价格之间都保持着某种确定的关系。

其次，衍生工具价格与预期的未来现货价格的关系。这种价格发现功能很直观地体现在期货市场中。因为任何时点上都有几个不同到期日的期货合约同时交易，期货市场的价格发现功能还体现在期货市场带来有效的跨期价格上。这些期货价格反映的是目前市场上对未来某时点上标的物商品的现货价格的预期，或者该商品的未来供给与需求状况的预期。现时的期货价格高出现时的现货价格表明市场上预期在未来的时间上商品供给相对不足；相反，现时的期货价格低于现货价格则说明市场上预期将来的商品供不应求的情况相对于目前来说趋缓。这样，期货市场实际上就是通过交易，将所有市场参与者对未来商品供求状况的信息或预期反映到期货价格中去。

3. 投机功能

投机是指衍生工具市场上以获取价差收益为目的的交易策略。与套期保值不同，投机一般不持有现货资产，而是根据投机者对未来价格走势的判断，在衍生工具市场上做出买入或卖出的决定。如果这种判断与市场价格走势相同，则投机者平仓出局后可获得投机利润；如果判断与价格走势相反，则投机者平仓出局后承担投机损失。由于投机的目的是赚取价差收益，所以，投机者一般只是平仓了结头寸，而不进行实物交割。尽管投机在经济活动中广泛存在，并非是衍生工具的专利，但由于衍生工具的杠杆效应强大，使得它的投机能量远远大于其基础资产的投机能量。同样一笔投机资本，在衍生市场可周转好几倍的金融，金融衍生工具给投机者"以小博大"的机会，这也是为什么衍生工具往往和投机联系在一起的原因。

投机者通过承担风险而获取利润，但只要是在透明公开的条件下进行的，投机是有利于提升市场效率的，其主要表现在：（1）承担价格风险。投机者实际上承担了套期保值者力图回避和转移的风险，使套期保值成为可能。（2）提高市场流动性。投机者频繁地建仓、对冲手中的合约，增加了衍生工具市场的流动性，这既能够使套期保值交易便捷、可行，又能够减少交易者进出市场所可能引起的价格波动。（3）有利于形成合理的价格水平。投机者通过他们的价格预期以及市场上的激烈竞争，在价格相对低估时买进相应衍生工具合约，使需求增加，导致其价格上涨，而在价格相对高估时卖出衍生工具，这样就使价格波动趋于平稳，从而形成合理的价格水平。（4）有利于保持价格体系稳定。投机者的参与，促进了相关市场和相关商品的价格调整，有利于建立起不同期限衍生工具价格的期限结构，有利于形成衍生工具与标的资产之间合理的价格关系，有利于改善标的资产不同时期的供求结构，使商品价格趋于合理，从而保持价格体系的稳定。

4. 套利功能

套利是指获取同类资产在不同市场上或不同时点上的价差为

目的的交易。衍生工具市场存在着大量具有内在联系的金融工具。例如，某一资产在一个市场中的价格超出在另外一个市场中其衍生工具的理论价格，那么投资者就可以在一个市场买入被低估的资产而同时在另一个市场卖出被高估的资产。在扣除交易成本后，这两个资产的价差就被称为套利利润。由于套利者的参与，市场上不存在无风险利润。不存在无风险利润是衍生工具定价的基本原则之一。

套利交易活动扩大了交易者（包括套期保值者）对冲的机会，使交易市场更趋活跃。另外，套利有利于实现市场价格的均衡。因为市场上不平衡的价格关系已经被发现，套利活动就会使价格偏低的合约需求增加，导致价格上升，价格偏高的合约需求下降导致价格下降。通过这种供需作用促使市场价格缩小，实现不同市场相关交易之间的价格均衡。

2.5　金融衍生工具的产生与发展

近30年来金融衍生工具的大发展是全球经济、金融发展变化大环境下的必然产物。金融衍生工具市场是现代金融市场的重要组成部分，在西方成熟的市场经济体系下，金融衍生工具市场始终担当着重要的角色。市场经济发展到一定规模，就可以且应该发展金融衍生市场。

2.5.1　现代金融衍生工具产生与发展

真正现代意义上的金融衍生工具是在20世纪70年代产生的。1973年后，由于"布雷顿森林体系"彻底瓦解，西方国家货币的汇率普遍与美元脱钩而采用浮动汇率制度。同时，不少国家又逐步放弃了对利率的管制，由于汇率加利息率的双重变动，使得基础金融工具的价值变得很不稳定。为了降低基础工具的风险，真正现代意义上的金融衍生工具应运而生。1972 年 5 月 16 日，美国芝加哥商品交易所（CME）货币市场分部在国际外汇市场动荡不定的情况下，率先创办了国际货币市场（IMM），推出了英镑、加元、西德马克、日元、瑞士法郎、墨西哥比索等货币期货合约，标志着第一代现代金融衍生产品的诞生。1973 年 4 月，芝加哥期权交易所（CBOE）正式推出股票期权。1975 年利率期货在芝加哥期货交易所（CBOT）问世。20 世纪 70 年代中期产生的第一代衍生产品，在后布雷顿森林体系（即以汇率、利率频繁变动为特征的国际货币体系）时代得到了很大发展。这一时期的衍生工具主要是与货币、利率有关的金融期货、期权，它们在各自不同的期货与期权交易所是场内进行交易。

20 世纪 80 年代，金融衍生产品获得了空前的发展。1981 年，美国所罗门兄弟公司（Solomon Brothers Co.）成功地为 IBM 和世界银行进行了货币互换。1982 年股票指数期货也隆重登场。到 20 世纪 80 年代中期，已有美国、英国、德国、法国、荷兰、加拿大、澳大利亚、新西兰、日本、新加坡、巴西等多个国家和地区的交易所进行了金融期货交易。20 世纪 80 年代后期，期权和互换市场得到了很大发展，期权交易与互换技术相结合衍生出的互换期权也得到广泛运用。此外，期权场外交易尤其活跃。1989 年底，包括利率封顶、保底期权以及互换期权等在内的期权场外交易名义本金总额达 4 500 亿美元。1990 年，上述场外交易期权交易额几乎等于场内交易的利率期权总额，达 5 600 亿美元。20 世纪 90 年代以来，金融衍生产品仍保持了强劲的发展势头，品种数目、市场深度和广度均有了迅猛的提高。在金融自由化浪潮的推动下，更多的非金融部门纷纷参与金融活动，外国银行与证券商逐渐进入本国市场。金融部门之间、金融部门与非金融部门之间以及本国金融业与进入本国市场的外国银行、证券业之间的竞争日趋激烈，寻求新的金融衍生产品是保有并扩大市场份额、提高自身实力的有效手段。金融机构为强化竞争实力、创造利润，同时也为协助厂商及客户立足于瞬息万变的金融市场，不断推出避险的新兴金融产品。

近30年来，金融衍生产品的交易规模一直迅猛增长，动荡不安的金融市场环境极大地刺激了有组织的衍生市场的发展。投资全球化、新交易所的开设、新产品的出现及参与交易的市场主体的扩大，进一步加快了衍生金融市场的发展。就衍生市场本身来讲，有两个对推动衍生市场发展具有革命性意义的创新。一是1973年布莱克—斯科尔斯（Black – Scholes）期权定价理论，为期权定价提供了理论支撑，并由此促成了期权交易所的成立。这一理论及在此基础上发展起来的一系列理论的广泛应用带动了金融衍生工具市场的迅速发展。二是1982年美国堪萨斯期货交易所率先推出股指期货，将欧洲美元期货采用的现金交割方式加以推广，解除了期货业一直以来所受的束缚，为金融衍生市场的发展提供了无限潜力。

根据国际掉期与衍生工具协会（ISDA）对世界500强企业在2009年使用金融衍生工具情况的调查显示，94%的世界500强企业使用金融衍生工具来管理和对冲商业和金融风险。在拥有最多世界500强公司的10个国家中，加拿大、法国、英国、日本和荷兰的所有公司都使用金融衍生工具，97%的德国公司和92%的美国公司使用金融衍生工具。韩国和中国公司金融衍生工具使用率较低，但仍分别有 87% 和 62% 的韩国和中国企业使用金融衍生工具。外汇衍生工具是运用最为广泛的金融工具（占样本的 88%），其次是利率衍生工具（占 83%）和商品衍生工具。在所有行业中，外汇衍生品和利率衍生品的使用基本一致（除了使用传统金融服务，在被调查的公司中 72% ~ 92% 的公司在运用外汇衍生品，相当于金融服务企业的 96%），有 70% ~ 94% 的被调查公司使用利率衍生品。商品衍生品、股权衍生品和信用衍生品则被更多地运用于特殊领域。当涉足众多领域的跨国公司用衍生品去管理外汇和利率风险时，商品衍生品的使用非常有限，主要被运用于公共事业公司（占 83%）、提供基础材料公司（79%）和金融服务公司（63%）。毫不意外的是，权益类衍生品和信用类衍生品被更多地运用于金融服务企业，因为很多企业内生性商业风险集中在这些领域。国际互换和衍生产品协会主席、瑞士信贷集团 EMEA 固定收入项目首席因拉杰·施瓦尼（Eraj Shivani），指出："作为一种必要的风险管理工具，衍生产品被很多世界顶级公司所使用；无论在哪个地区，属于哪个产业部门，绝大多数被调查公司都依靠衍生产品来抵御大量在正常经营活动中所暴露出的金融风险。"

由于历史和经济发展的原因，北美是众多衍生工具的发源地，一直占有金融衍生工具交易的最大份额，美国金融衍生工具交易的中心芝加哥交易所一直处于衍生交易的霸主地位。但近年来，欧洲和亚洲金融衍生市场的迅速发展，大有后来居上的势头。根据美国期货业协会（FIA）数据显示，2004 年全球期货成交量约为 34.88 亿手，其中约 38% 成交量来自美国期货交易所；2019 年全球期货成交 192.41 亿手，美国成交量为 41.81 亿手，全球占比 21.7%，中国内地成交量为 39.62 亿手，占据全球 20.4% 的份额

（见表 2 - 1），较 2018 年分别下降了 3.0 个百分点和提升了 2.9 个百分点。美国期货业协会发布的 2019 年全球场内衍生品（包括期货和期权）调查数据显示，按成交量排名的前 20 家交易所中，美国仅有 CME、CBOE、NASDAQ 名列其中（见表 2 - 2）。

表 2 - 1　　　　　　　中美期货成交量及占比变化

国家	2019 年成交量（亿手）	全球占比（%）	2018 年成交量（亿手）	全球占比（%）	占比变化（%）
中国	39.22	20.4	30.11	17.5	2.9
美国	41.81	21.7	42.5	24.7	-3.0
全球	192.41	100.0	171.77	100.0	

注：中国数据未包括港、澳、台地区成交量。

表 2 - 2　　　全球期货交易所的期货和期权成交量（前 20 名）

2018 年排名	2019 年排名	交易所	2019 年成交量（手）	2018 年成交量（手）	变化（%）
1	2	印度国家证券交易所（NSE）	5 960 653 879	3 790 090 142	57.3
2	1	芝加哥商业交易所集团（CME）	4 830 045 369	4 844 857 131	-0.3
3	3	巴西交易所（B3）	3 880 624 283	2 574 073 178	50.8
4	4	洲际交易所（ICE）	2 256 762 531	2 474 223 217	-8.8
5	6	欧洲期货交易所（EU-REX）	1 947 144 196	1 951 763 081	-0.2
6	5	芝加哥期权交易所（CBOE）	1 912 075 382	2 050 884 142	-6.8
7	7	纳斯达克（NASDAQ）	1 785 341 204	1 894 713 045	-5.8

续表

2018 年排名	2019 年排名	交易所	2019 年成交量（手）	2018 年成交量（手）	变化（%）
8	9	韩国交易所（KRX）	1 546 717 194	1 408 259 039	9.8
9	8	莫斯科交易所（MOEX）	1 455 043 932	1 500 375 257	-3.0
10	10	上海期货交易所（SHFE）	1 446 597 054	1 201 969 095	20.4
11	12	大连商品交易所（DCE）	1 355 584 225	981 927 369	38.1
12	13	郑州商品交易所（ZCE）	1 092 703 580	817 969 982	33.6
13	11	孟买证券交易所（BSE）	1 026 425 811	1 032 693 325	-0.6
14	15	迈阿密国际交易所（MIAX）	440 049 134	421 320 501	4.4
15	14	中国香港交易所（HKEX）	438 690 021	480 966 627	-8.8
16	19	伊斯坦布尔交易所（BIST）	387 996 034	236 393 421	64.1
17	16	日本交易所集团（JPX）	361 063 321	411 945 912	-12.4
18	20	印度多种商品交易所（MCX）	306 592 744	230 339 630	33.1
19	17	中国台湾期货交易所（TAIFEX）	260 765 482	308 083 576	-15.4
20	18	澳大利亚交易所（ASX）	260 478 736	248 003 922	5.0

2.5.2　我国金融衍生工具产生与发展

我国经过四十多年的改革发展，已经发展成为 GDP 总量接近 100 万亿元人民币的经济体，其规模为我国金融市场、金融工具的发展打下了坚持的经济基础。随着我国经济融入世界经济一体化，企业作为独立的微观经济主体，已经意识到风险管理的必要性，对利用多种金融工具进行理财活动也有很大的需求。近年来，国际黄金、石油、有色金属、粮食等市场价格变动剧烈，利率、汇率的频繁波动也成为一个长期趋势，国内企业在参与国际市场竞争的同时将面临更多、更直接的国际市场风险，对规避市场风险的金融衍生工具如商品期货、外汇期货、利率期货、远期外汇交易等，会产生日益强大的需求。另外，外资流入规模的不断扩大，资本市场的对外开放及其与国际资本市场一体化进程的加快，也会引发整个市场对汇率、利率衍生工具以及互换交易、期权交易的需求。企业既有扩宽投资、融资渠道的迫切需要，又期待金融市场为其提供管理风险的安全机制。因此，金融衍生工具成为国内企业，特别是上市公司管理和规避各类风险的便捷工具，发挥了市场风险的分担机制，构成了促进宏观经济稳定、支持实体经济发展的现代金融体系的有机组成部分。

以 1990 年 10 月 12 日郑州粮食批发市场的开业为标志，我国衍生品市场已经走过了 20 多年的发展历程。商品期货市场建立后不久，我国就推出了早期的金融期货，包括外汇期货、国债期权、股票指数期货、认股权证等金融衍生工具。场内期货期权市场和场外金融衍生工具市场是构成国内金融衍生工具市场的两个主要组成部分。场内交易市场是我国证监会负责监管的，由多家期货交易所构成；而场外金融衍生工具市场主要分为金融机构间的场外衍生品市场以及银行柜台衍生品市场两部分，其真正的监管主体就是中国人民银行。

1. 场内金融衍生工具市场

截至 2019 年，全球场内金融工具市场总成交量约为 344.75 亿手，同比增加 13.7%，亚太和拉美地区共享了重要增量份额。

在场内金融衍生工具成交量排名中，上海期货交易所、郑州商品交易所、大连商品交易所和中国金融期货交易所依次位列第 10、11、12 和 28 名。农产品期货中，我国豆粕、菜籽粕、棕榈油期货位居前 3；金属期货中，前 4 位均为我国品种；能源期货中，我国燃料油、石油沥青、焦炭、中质含硫原油、动力煤、焦煤期货均居前 20。我国已经形成全球影响力较大的衍生品市场。

（1）期货市场。

随着中国市场经济的推行和对外开放的扩大，中国期货市场规模不断扩大。从本质上看，期货衍生品市场的发展，其推动力始终是为了更好地满足实体经济和金融改革对资本市场日益多样化的需求，集中反映了资本市场由基本的投资和融资功能，向资产定价、资产管理及相应的流动性和风险管理功能逐步扩展的发展方向。截止到 2020 年 5 月，我国 3 家商品期货交易所（上海期货交易所、郑州商品交易所、大连商品交易所）和 1 家金融期货交易所已批准上市品种 65 个（不含 1 个正在筹建中的碳排放期货）。其中，商品期货 59 个、金融期货 6 个（见表 2-3）。

表 2-3　　　　　　　　　中国期货上市品种　　　　　　　单位：个

期货交易所	上市品种	数量
上海期货交易所	铜、铝、锌、铅、镍、锡、黄金、白银、线材、螺纹钢、热轧卷板、原油、燃料油、石油沥青、天然橡胶、20 号胶、纸浆、不锈钢期货	18
郑州商品交易所	优质强筋小麦、普通小麦、棉花、棉纱、白糖、粳稻、早籼稻、晚籼稻、油菜籽、菜籽油、菜籽粕、苹果、红枣、甲醇、玻璃、动力煤、精对苯二甲酸（PTA）、铁合金（硅铁、锰硅）、尿素、纯碱期货	21

期货交易所	上市品种	数量
大连商品交易所	黄大豆1号、黄大豆2号、豆油、豆粕、玉米、玉米淀粉、棕榈油、鸡蛋、胶合板、纤维板、粳米、线型低密度聚乙烯（LLDPE）、聚氯乙烯（PVC）、聚丙烯、乙二醇、焦炭、焦煤、铁矿石、苯乙烯、液化石油气期货	20
中国金融期货交易所	沪深300股指期货、上证50股指期货、中证500股指期货2年期国债期货、5年期国债期货、10年期国债期货	6
广州期货交易所（筹建）	碳排放期货	1

资料来源：根据各期货交易所和证券交易所资料整理（截至2019年5月）。

就商品期货而言，自2008年至今，中国内地一直是全球最大的商品期货市场，已经取得某些产品定价的支配地位。国内期货品种逐步形成了覆盖农产品、金融、能源、化工、林木等国民经济重要行业的产品体系。国际农产品期货和金属期货交易量可以从侧面反映实体企业利用商品期货市场进行管理风险和锁定成本，有效规避现货交易风险和实现稳定经营的需求。商品期货市场的发展逐渐成为中国经济增长的晴雨表。在农产品方面，中国在豆粕、白糖、天然橡胶、豆油、棕榈油和玉米上有定价的主导权。根据美国期货业协会数据显示，2010~2019年间，我国商品期货成交量已经连续10年居全球期货市场首位。在2019年，中国内地商品期货成交38.55亿手，占全球成交总量69.29亿手的55.6%，较2018年占比提升了3.9个百分点。同期，美国、印度商品期货成交量分别为12.30亿手和4.06亿手，全球占比分别为7.8%和5.9%，较2018年分别下降4.4个百分点和提升1.2个百分点。近年来，随着中国金融行业对外开放的脚步不断加快，从 2020 年年初开始，金融市场开放政策密集推出：放宽合格境外投资者准入的条件和投资范围，取消证券、期货、寿险等外资持股比例不超过 51% 限制，推出 11 条金融业对外开放措施，等等。在此背景下，中国的多种金融衍生工具陆续向国际投资者开放，如原油期货、铁矿石期货等。原油期货上市一年多来，境外交易者积极参与，境外投资者交易和持仓占比分别达到 10% 和 16%。根据上海国际能源交易中心的统计，其日成交量已超过迪拜原油期货合约，成为亚洲市场交易量最大的原油期货合约，仅次于纽约和伦敦两大老牌基准市场的交易量，其国际影响力以及定价能力都得到了认可。

中国金融期货交易所的股指期货的交易量也有显著增长。自 2010 年中国金融期货交易所推出沪深 300 指数合约，该合约一直保持稳定增长。2019 年累计成交总额约为 2.7 万亿元，同比增长 241.18%，该指数合约已经成为全球第十大活跃的股指合约。沪深 300 股指期货上市后，改变了市场"单边市"的特征。来自中国金融期货交易所的数据显示，股指期货上市后，沪深 300 指数涨跌幅超过 2% 和 3% 的交易日分别减少了 54% 和 66%，而且波动幅度越大的交易日，减少幅度越明显。波动幅度在 1% 以内的交易日则增加了 131 天，增幅约 14%，显示投资者较少追涨杀跌，投资越来越理性。股指期货促进了系统的稳定。2012 年 2 月，南方基金股指期货交易开户获中国金融期货交易所审批通过，标志着公募基金正式参与股指期货市场。2012 年 10 月，中国保险监督管理委员会（以下简称保监会）发布《保险资金参与股指期货交易规定》及《保险资金参与金融衍生产品交易暂行办法》，允许保险机构以对冲或规避风险为目的参与股指期货等衍生品交易。2015年6月，证监会发布的《境外交易者和境外经纪机构从事境内特定品种期货交易管理暂行办法》进一步开放了境内期货市场投资者的限制。

国债期货在2013年9月重新上市交易，2015年十年期国债期货合约也在中国金融期货交易所正式上市交易，填补了中国内地债券市场长期避险工具的空白。2019年南华期货和瑞达期货分别在上海证券交易所和深圳证券交易所上市，填补了资本市场上期货公司的空白。此外，外汇期货也正在筹备中。随着经济发展水平的提高，企业风险管理需求不断的多元化和个性化，金融衍生工具市场期货品种体系将不断丰富和完善。

（2）期权市场。

2015年2月，上海证券交易所正式挂牌上证50交易型开放式指数基金期权合约（上证50 ETF），拉开了中国场内期权市场发展大幕。2017年3月，国内首例商品期权品种豆粕期权在大连商品期货交易所上市。截至2020年5月，我国3家商品期货交易所（上海期货交易所、郑州商品交易所、大连商品交易所）、1家金融期货交易所（中国金融期货交易所）和两家证券交易所（上海证券交易所和深圳证券交易所）已批准上市品种15个（见表2-4）。

表2-4　　　　　　　　中国场内期权上市品种　　　　　　　单位：个

期货交易所	上市品种	数量
上海期货交易所	铜期权、天然橡胶期权、黄金期权	·3
郑州商品交易所	白糖期权、棉花期权、PTA期权、甲醇期权、菜籽粕期权	5
大连商品交易所	豆粕期权、玉米期权、铁矿石期权、液化石油气期权	4

期货交易所	上市品种	数量
中国金融 期货交易所	沪深 300 股指期权	1
上海证券交易所 深圳证券交易所	50ETF 期权、沪深 300ETF 期权	2

资料来源：根据各期货交易所和证券交易所资料整理（截至 2019 年 5 月）。

根据中国期货交易网的数据显示，2019 年国内金融期权成交量将超过 6 亿手，占场内期权成交量的 90%，全年金融期权成交额将超过 3 300 亿元，占场内期权的 85%。由此可见，相比于商品期权来说，金融期权成交规模更大。随着上海证券交易所和深圳证券交易所上市沪深 300ETF 期权、中国金融期货交易所上市沪深 300 股指期权，这也意味着我国金融期权市场将告别单一品种，正式进入多元化、多样化时代。可以期待，随着沪深 300ETF 期权和沪深 300 股指期权上市，未来代表中小盘的中证 500 以及创业板的股票期权有望推出。我国期货期权市场已经初步形成了商品金融、期货期权、场内场外、境内境外协同发展的局面。2019 年8 月 27 日，国内首批商品期货 ETF 获批，标志着公募基金开启商品期货指数化投资新时代。

2. 场外金融衍生工具市场

目前，银行间场外衍生品市场连同银行柜台场外交易市场共同组成了我国的场外金融衍生工具市场。其中，前者主要是指交易发生在银行市场成员之间，而后者则主要产生于个人交易或银行与企业交易之间。由于监管等方面的因素，在我国场外金融衍生工具市场中，其主要参与者是商业银行，证券、保险等金融机构是部分参与到场外金融衍生工具市场中的，而在场外金融衍生工具业务中，目前还未对个人开展办理业务。

商业银行是国内最早开展场外衍生品业务的金融机构。2005年，银行间市场债券远期交易的推出标志着我国银行间衍生品市场的初步建立，随后四年间人民币利率互换、远期利率协议、人民币外汇远期与掉期等产品陆续推出。随着利率及汇率市场化改革的推进，对外币资产风险管理的需求预计将带动银行间衍生品市场快速发展。

2013年2月1日，中国期货业协会实施了《期货公司设立子公司开展以风险管理服务为主的业务试点工作指引》。同年3月，中国证券业协会（以下简称中证会）相继发布了《证券公司金融衍生工具柜台交易业务规范》《证券公司金融衍生工具和柜台交易风险管理指引》和《中国证券市场金融衍生工具交易主协议及其补充协议》等规范性文件。随后，获得试点资格的期货公司风险管理子公司和证券公司陆续开展了收益互换、场外期权等创新业务，标志着我国场外衍生品市场在参与主体和产品种类上已初步完善。

在交易规模方面，截止到目前我国场外衍生品市场总成交规模已超3万亿元。中证协统计数据表明，场外衍生品业务，特别是场外期权业务已跃升为我国证券期货市场一大新的业务增长点。截至2018年12月底，我国场外衍生品未平仓名义本金为3 466.71亿元，环比增长4.84%。其中，场外期权业务存量占比达79.70%。收益互换业务则在交易规模与比例上都呈现下降趋势。形成这一局面的历史原因很多，最重要的当属2015年收益互换业务遭遇的监管变局。自2012年年底启动的收益互换业务，凭借杠杆高、局限小，发展十分迅猛。但融资类互换业务逐渐演变为场外配资的替代品，证监会判断这一行为极有可能造成潜在的系统性风险，因此于 2015 年 12 月叫停了该业务。自此收益互换规模持续走低，而场外期权业务得以爆发式增长。截至 2018 年 12 月底，超过 80 多家证券公司参与场外业务，主要在中证机构间报价系统和证券公司柜台开展，目前以柜台市场为主。

在交易品种方面，目前国内常见的交易品种包括：券商的收益互换、场外期权；期货公司风险管理子公司的远期、互换和场外期权；银行的汇率类衍生品（包括人民币外汇掉期、人民币外汇远期、人民币外汇期权）、利率类衍生品（包括利率互换、债券远期），相较而言在创新与现有工具的充分运用上仍有着较大空间。

在交易主体方面，由于资金实力、监管限制等原因，商业银行、券商、期货公司风险管理子公司等各类机构的参与程度不一且相差显著。其中，商业银行是最早开展场外金融衍生工具业务的，也是最大的参与主体，其交易量占我国场外衍生品市场交易量的 90% 以上；券商主要参与场外期权业务，而期货公司风险管理子公司所提供的场外衍生品主要与大宗商品相关。尽管体量小，但后两者可以说是目前中国场外衍生品市场中最为关键的部分，许多监管措施和自律准则都是围绕着这两个市场的参与主体而制定的。

2.5.3　我国金融衍生工具监管制度发展

金融衍生工具作为管理风险的天然工具，对于不断参与全球化、国际化发展的中资企业的风险管理，具有不可或缺的作用。同时，因风险而生的金融衍生工具，其自身恰恰又是一项高风险业务。基于衍生品高风险的属性，国内监管机构对于市场主体参与金融衍生工具交易一直奉行的是强监管导向，通过各种规章严格规范市场主体行为。整体而言，我国对于金融衍生工具交易业务的监管主要是遵循严格的市场准入和场内监管原则，包括对境外衍生品的场内交易也实行严格准入制。1998 年，国务院发布《关于进一步整顿和规范期货市场的通知》明确提出，未经批准，任何机构和个人均不得擅自进行境外期货交易，各期货经纪公司均不得从事境外期货业务。即使相关政策对于企业从事境外衍生品业务有严格的监管，并制定了具体指引。

中资企业因参与境外金融衍生工具而发生巨额亏损的事件并不鲜见（详见表 2－5）。对此，监管部门进一步强化了对企业开展衍生品业务的管理，特别是对国有企业。2001 年，中国证监会对外发布《国有企业境外期货套期保值业务管理办法》，首次明确了对国有企业从事境外期货套期保值业务的具体监管措施。金融危机发生后，鉴于多家央企深受金融衍生工具业务浮亏的影响，国资委在 2009 年发布了《关于进一步加强中央企业金融衍生业务监管的通知》（以下简称《加强监管通知》），重申央企需严格遵守套期保值的原则，要求央企对境外期货业务进行审核整改。随后，国资委又于 2010 年 12 月发布了《关于建立中央企业金融衍生业务临时监管机制的通知》，提出对以前不受监管的境外场外交易进行监管，要求中央企业在境内或境外、场内或场外所从事的所有金融衍生业务，均需向国资委备案。

表 2 – 5 金融衍生工具交易亏损的主要事件

年份	事件主体	亏损金额	事件	主要原因
2018	联合石化	不详	联合石化在采购进口原油过程中，由于对国际油价走势判断失误，部分套期保值业务的交易策略失当，造成某些境内原油套期保值业务的期货端在油价下跌过程中产生损失	套保交易策略失当
2008	中信泰富	147 亿港元	中信泰富为对冲澳大利亚铁矿石项目的货币风险，与 13 家外资银行签订了若干杠杆式外汇产品买卖合约，后因汇率暴跌，且交易金额远大于其澳元保值的真实需求，亏损敞口高达 147 亿港元	投机失败
2008	深南电	不详	2008 年 3 月，深南电与杰润签署了两份石油衍生品合约，看多油价。随后国际油价暴跌，这两份"有限收益、无限风险"的对赌合约才浮出水面。2008 年 12 月，深南电公告终止与高盛全资子公司杰润公司签下的期权合约，杰润要求深南电给予一定赔偿	套保交易策略失当
2008	中国远洋	41 亿元人民币	2008 年 9 月，中国远洋运输（集团）总公司公布在 FFA（远期运费协议）的衍生品交易中，投资亏损拨备高达 50 多亿元	套保交易策略失当
2008	国航、东航	不详	2008 年 10 月 28 日，国航和东航同时公布三季报，称在燃油套期保值业务上出现巨额亏损。2009 年，东航和国航两家公司均实现扭亏为盈，业绩增幅超百亿元。而扭亏为盈的原因，均是"燃油套保合约公允价值的回转"	套保交易策略失当
2004	中航油	5.5 亿美元	2003 年底至 2004 年，中航油新加坡公司错误判断了油价走势，卖出买入期权并买入卖出期权，导致期权盘位到期时面临亏损。为了避免亏损，中航油新加坡公司进行了三次挪盘，每次挪盘均成倍扩大了风险，最终导致公司财务陷入困境	投机失败
1997	株洲冶炼厂	1.758 亿美元	1997 年 3 月锌市走俏，株洲冶炼厂进口公司开始做空。由于对锌价走势判断错误以及交易对家逼仓，在 1997 年 3 ~ 7 月间，株洲冶炼厂进口公司因无法支付保证金，多次被逼平仓。因抛售量过大，株洲冶炼厂为了履约只好高价买入合约平仓，形成 1.758 亿美元的巨额亏损	投机失败

资料来源：荣蓉、王亚亚、章蔓菁：《祛魅金融衍生品》，载于《中国外汇》2019 年第 3 期，第 31 ~ 37 页。

近些年，随着国务院简政放权的不断推进，加之多数央企境外衍生业务开展得也较为规范、运行稳健，监管取向有了调整。2015 年，国资委向各央企发出《关于取消中央企业境外商品衍生业务核准事项的通知》，将企业金融衍生业务的决策核准权下放至央企董事会或有关决策机构，监管方式也由事前的核准备案转变为事中监控和事后的检查备案。

2.6 小　　结

金融衍生工具是从基础性金融工具衍生出来的一种投资和风险管理工具，包括期货、远期、互换和期权等基础性合约以及由这些基础性合约组合构成的更为复杂的结构化工具。因为具备规避风险、发现价格、降低融资成本和增强市场流动性等优势，自20 世纪 70 年代以来，金融衍生工具得以被广泛使用。我国金融衍生工具市场自 1990 年推出商品期货以来，已经发展成为世界上新兴且重要的金融衍生工具市场之一。随着股指期货、国债期货、ETF 期权等渐次推出，国内金融衍生工具创新步伐加快；完备的金融衍生产品体系，是建设更具活力和弹性多层次资本市场的需要。

第3章 文献回顾与理论分析：金融衍生工具使用及其经济后果

在完美市场条件下，任何金融交易合同都不能改变公司的价值，风险管理没有意义。但现实经济世界处于有摩擦的不完全市场状态，财务困境成本、税收效应、代理成本和交易成本等都会为企业带来巨大的成本，使得通过风险管理来控制收入波动，进而降低摩擦成本、提高公司价值成为可能。在理论与实证上，众多学者对企业金融衍生工具决策的影响因素及其作用机制进行了探讨。这方面研究的重要理论都是在放松 MM 理论假定条件的基础之上建立起来的。

3.1 金融衍生工具使用的影响因素研究

3.1.1 财务动机与金融衍生工具使用

现代金融理论认为，公司的价值取决于预期现金流和资本成本，增加公司预期现金流和降低资金成本都可以增加公司价值。基于此推理，斯图尔茨（Stulz，1996）提出，企业使用金融衍生工具进行风险管理的目标是为了减少预期现金流波动，降低摩擦成本所导致的无谓损失，从而增加企业价值。换言之，管理者会以"股东价值最大化"目标来从事套期保值。国外研究发现，企业会因为减少财务困境成本、降低投资不足、减少融资成本和节税等动因进行套期保值。国内为数不多的相关研究也发现在我国上市公司的衍生金融决策中不同程度地存在这些动因，多数文献支持财务困境成本动因和投资动因。

1. 减少预期税收假说

该假说的主要观点是如果企业税负函数是凸性的，风险管理就可以降低公司税前价值波动性从而减少公司预期税负，而且通过改变公司资本结构来提高公司举债能力，由此产生的债务税盾效应能够增加公司价值。

通常情况下，企业的税收函数是凸函数，即企业的实际纳税额与应税收入之间是呈边际递增的非线性函数关系，这种税制结构意味着平滑收益有利于企业减少税收（Smith & Stulz, 1984）。斯图尔茨（1996）指出，导致税率递增结构的主要因素是：首先，累进税率的税制。在这种税制下，企业收入的初始部分免征所得税，超过一定限额后，需要根据递增的边际税率计税；其次，抵扣税额的税制。在这种税制下，企业可以用折旧支出以及损失后重置费用等支出抵扣应纳税额，其本质上扩大了零边际税率的计税范围；最后，税收优惠的税制。迪安杰洛和穆苏利斯（DeAngelo & Masulis, 1980）、南斯等（Nance et al., 1993）指出，公司享有越多的税收优惠，节税效果就会越好。

许多学者对该假说进行了实证检验，主要观点见表 3 – 1。

表 3 - 1 　　　　　　　　 **主要文献的实证研究方法及结论概述**

实证内容	替代变量	系数符号	文献来源
减少预期税收假说	递延税项	+	阿洛亚尼斯和奥菲克（Allyannis & Ofek，2001），马尔什和普雷沃斯特（Mardsen & Prevost，2005），格雷厄姆和罗格斯（Graham & Rogers，2002），柯诺夫等（Knopf et al.，2002），罗杰斯（Rogers，2002），林和史密斯（Lin & Smith，2007）
	边际/平均税率	−	赫沙尔特（Haushalter，2000），迪翁等（Dionne et al.，2019），巴特拉姆等（Bartram et al.，2009）
	是否累进税率	+	南斯等（1993），米安（Mian，1996），霍顿和皮福特（Howton & Pefect，1998）
	节税收益	+	汉隆和赫兹曼（Hanlon & Heitzman，2010），巴特拉姆等（2011）
	投资课税扣除	+	米安（1996），巴特拉姆等（2009），南斯等（1993），富克等（Fok et al.，1997），迪翁和格兰德（Dionne & Garand，2003），巴特拉姆等（Bartram et al.，2009）
降低财务困境成本假说	Altman Z	−	阿洛亚尼斯和韦斯顿（Allayannis & Weston，2001），卡特等（Carter et al.，2006），科尔斯等（Coles et al.，2006），安查亚等（Acharya et al.，2007），巴特拉姆等（Bartram et al.，2011），郑莉莉、郑建明（2012）
	资产负债率	+	格雷厄姆和罗格斯（2002），阿洛亚尼斯等（Allayannis 等，2003），马尔什和普雷沃斯特（2005），亚当和费尔南多（Adam & Fernando，2006），哈格林（Hagelin et al.，2007），林等（Lin et al.，2008），Lel（2012），黄建兵等（2008），贾炜莹、陈宝峰（2009）
	流动比率	−	阿洛亚尼斯等（2003），马尔什和普雷沃斯特（2005），亚当和费尔南多（2006），巴特拉姆等（2009）

实证内容	替代变量	系数符号	文献来源
降低财务困境成本假说	速动比率	-	罗基戈帕和谢弗林（Rajgopal & Shevlin, 2002），阿洛亚尼斯等（2003），博罗霍维奇（Borokhovich, 2004），Lin 等（2008），巴特拉姆等（2009）
	长期负债率	+	阿洛亚尼斯等（2003），博罗霍维奇（2004），迪翁等（2019），马尔什和普雷沃斯特（2005），林和史密斯（2007），巴特拉姆等（2009）
	债券评级	-	都德（Dolder, 1995），赫沙尔特（2000）
	利息保障倍数	-	盖茨等（Geczy et al., 1997），加伊和纳姆（Gay & Nam, 1998），霍顿和皮福特（1998），盖伊（1999），柯诺夫等（2002），阿洛亚尼斯等（2003），巴特拉姆等（2009）
	股利支付率	-	布克曼和布拉德伯里（Berkman & Bradbury, 1996），富克等（1997），盖茨等（1997），迪翁和格兰德（2003）
降低投资不足假说	研发支出	+	南斯等（1993），盖茨（1997），都德（1995），阿洛亚尼斯等（2003），郑莉莉、郑建明（2012）
	市值账面比	+	萨曼特（Samant, 1996），盖伊（1999），阿洛亚尼斯和韦斯顿（2001），巴特拉姆等（2011）
	资本支出	+	阿洛亚尼斯等（2003），洛克曼（Lookman, 2005），哈格林（2007），雷尔（Lel, 2012）
	销售收入增长率	+	科尔斯等（2006），贾炜莹、陈宝峰（2009）
	广告费用支出	+	都德（1995），阿洛亚尼斯等（2003）

2. 降低财务困境成本假说

该假说的主要观点是使用金融衍生工具避险能够降低公司未来出现财务困境的可能性，从而降低公司财务困境概率和预期财务困境成本，最终提高企业价值。

斯密斯和斯图尔茨（Smith & Stulz，1985）认为，既然企业面临的财务危机是有成本的，那么即使使用金融衍生工具进行风险管理是有成本的，风险管理仍可以降低发生危机成本的现值和发生危机的概率。斯图尔茨（1996）进一步解释认为，这主要是因为金融衍生工具减少了"尾部事件"（如财务困境或放弃 NPV 为正的投资项目）发生的可能性。众多学者对该假说进行了实证检验，表 3 - 1 对此进行了归纳。

3. 降低投资不足假说

该假说的主要观点是使用金融衍生工具避险可以避免公司面临投资不足的问题。这是因为投资不足在很大程度上是由融资约束所导致，而高昂的外部融资成本以及内部现金流不足都是导致融资约束的重要原因。通过降低企业风险，能够降低外部投资者要求的投资回报率以降低外部融资成本；通过降低未来现金流的波动和不确定性以增加内部留存收益的供给。因此风险管理能够减少投资不足问题的发生。弗鲁特等（Froot et al.，1993）发现，相比较未使用金融衍生工具的公司来说，使用金融衍生工具的公司拥有更多的投资。在控制住所在行业投资机会的情况下，未使用金融衍生工具的公司严重依赖于内部资金进行投资，相反，使用金融衍生工具的企业对营运现金流的敏感性明显低于未使用金融衍生工具的公司。

西方学者进行了大量实证研究以检验该假说，主要的研究方法及结论见表 3 - 1。

3.1.2 管理层风险偏好动机与金融衍生工具使用

财务风险管理理论的前提假设是不存在管理者与股东之间的代理冲突，这一完美假设在现实中却难以实现，代理问题的存在使得企业风险管理的目标会偏离财务风险管理理论的预期。管理者与股东之间的代理问题会导致两者在风险管理决策上的冲突，现实中企业风险管理选择可能并非是"股东价值最大化"而是"管理者利益最大化"（Tufano，1998）。

由于管理层财富多元化的程度较低以及人力资本的专用性，公司管理层往往是风险厌恶者（Smith & Stulz，1985）。相反，由于投资者则可以通过分散化投资将其财富投入多家公司，投资者往往被视为风险中性者（Guay，1999）。而且公司避险的成本通常低于管理层自身进行避险的成本（Stulz，1996），因此公司管理者比所有者有拥有更强烈的动机来降低公司的风险。而且管理者从保护自身利益出发所进行的风险管理行为不一定会使得股东受益，这是因为管理者在降低其薪酬组合影响的同时也会弱化薪酬组合的激励效用（Guay，1999），金融衍生工具的使用反而可能加深管理者与股东之间的代理冲突（张瑞君、程玲莎，2013）。

管理者风险偏好的度量是较为困难的，国外研究大多是使用管理者薪酬指标对此进行衡量。詹森和麦克林（Jensen & Merckling，1976）、詹森和莫非（Jensen & Murphy，1989）认为，薪酬激励组合中的股票/股票期权使得管理者财富与企业业绩[1]之间存在依存性，既然股价随时间变动，这种激励方案的回报就是不确定的，管理者就会面临风险。盖伊（1999）进一步指出，薪酬激

---

[1] 詹森和麦克林（1976）、詹森和莫非（1989）都使用股东财富衡量企业业绩。

励组合可能会影响管理者的风险厌恶水平。在进行实证分析时，绝大多数的实证研究使用公司管理层所持有的股票数额以及期权数额的相关数据作为管理者风险偏好的代理变量。对管理层股权持有数额而言，研究中通常采用三个变量进行衡量：管理层持有的股权份额（Tufano，1996；Gay 和 Nam，1998；Haushalter，2000；Jalivand，1999；Allayannis & Ofek，2001；Lookman，2005；Mardsen & Prevost，2005）、管理层所持有的股权价值（Fok et al.，1997）、管理层持有的股票价值的对数值（Graham & Rogers，2002；Lel，2012）。在早期的文献中，管理层持有量是常用的变量，但其难以控制住公司规模因素的影响。后来的文献更多的采用管理者持股比例，例如，阿洛亚尼斯和奥菲克（2001）、洛克曼（2005）、马尔什和普雷沃斯特（2005）考虑整个管理团队的持有比例，杰里兰（Jalivand，1999）使用持股数量最高的 5 位管理者的持有比例。值得注意的是管理层持有的股份比例度量的只是管理层与股东之间的委托代理问题强度而不是风险偏好（Triki，2005）。取对数化的股票价值可能更为恰当，它反映了风险厌恶程度随着财富的增加而增加的特征。

　　大量学者对管理者风险偏好理论进行了实证检验。经验证据表明，管理者薪酬和企业风险承担行为存在显著的因果关系（Carpenter，2000；Coles et al.，2006；Low，2009；Gormley et al.，2013；Dittmann et al，2017），例如投机行为（Smith & Stulz，1985；Hagelin et al.，2007）。达马索和达菲（DeMazo & Duffie，1995）、布里登和维斯瓦纳坦（Breeden & Viswanathan，2016）认为公司管理层所持有的公司股权份额越高，就越倾向通过风险管理来降低公司利润的波动。相反地，管理层如果拥有大量的以公司股价为标的的期权，使用金融衍生工具进行风险管理的意愿就会降低，因为这样可以通过增加公司股票的波动性提高期权的价值。卡朋特（Carpenter, 2000）研究发现，股票期权对管理层会有两种不同的影响：股票回报率的增加使得管理者更加重视股票期权的收益，在这种情况下，管理层通常不会选择从事套期保值；相反，股票价格下跌会降低股票期权的收益对管理者的吸引力，从而提升管理层为规避薪酬风险而从事套期保值的意愿。因此，理解公司管理层的风险管理策略需要综合考虑其他因素。柯诺夫等（2002）验证了，在其他情况不变的条件下，公司的金融衍生工具交易程度与管理者持有的股票和期权组合的敏感性呈正相关关系，这与哈格林等（Hagelin et al., 2007）、高（Gao, 2010）的发现相一致。兰伯特等（Lambert et al., 1991）、科尔斯等（2006）指出，股票和股票期权形式的股权薪酬会产生不同的金融衍生工具使用：一方面，增加管理者薪酬对股价敏感性（Delta），越高的 Delta 会激励管理者更加努力或高效工作，同时也使得管理者比财富多元化的股东更多地暴露于股价波动风险之下，促使风险厌恶管理者保持高于对冲需要的金融衍生工具头寸，即过度套期保值；另一方面，增加管理者薪酬对股价波动敏感性（Vega），越高的 Vega 导致管理者偏好风险，并保持低于对冲需要的金融衍生工具头寸持有，即套期保值不足。盖伊（1999）发现，股票 Vega 远小于股票期权 Vega，当管理者股权薪酬中股票期权占比较大时，金融衍生工具使用更多表现为套期保值不足。然而，在中国上市公司中，股票期权仅占薪酬组合的很少一部分[①]，货币薪酬才是主要的薪酬表现形式，这种薪酬结构与美国存在较

---

① 在 2008～2015 年间，仅有 195 家上市公司（占整个上市公司总数的 1.02%）完成股票期权的行权。

大差异。因此，基于美国数据的相关实证结论并不适合直接解释中国现象。

虽然大量经验研究支持管理者风险偏好假设，但是这仍然难以解释当前经验研究中的疑惑，例如，为什么有些经验研究发现管理者风险偏好与金融衍生工具决策之间显著相关，而在另一些研究中并未发现？由此可见，管理层风险偏好动因并不足以解释当前经验研究中存在的一些"互为矛盾"的结论。

3.1.3　公司治理机制与金融衍生工具使用

所有权与经营权相分离是现代企业的重要特征，同时也形成了股东和管理者两个不同的利益群体，企业的行为在很大程度上表现为管理者的行为。公司治理结构就是试图使管理者的各项决策符合股东利益的制度安排，股东通过与管理者签订激励契约以促使管理者进行风险管理以达到公司价值的最大化，同时也给予管理者最大的激励，使管理者实现期望效用的最大化。王志诚、周春生（2006）指出，管理层、股东和债权人的代理冲突是揭示公司实施风险管理的一个基础理论框架。

近年来有不少文献对治理结构特征如何影响风险管理决策进行了研究。科纳夫纳等（Kleffner et al., 2003）以加拿大 118 家上市公司 2001 年的调查问卷为样本，研究表明 31% 的样本公司实施了企业风险管理。他们发现 61% 的公司是出于风险经理的影响，51% 的公司是出于董事会的鼓励，37% 的公司是出于遵守多伦多证券交易所（TSE）的规定。比斯利等（Beasley et al., 2005）基于对 123 个美国和国际机构 2004 年的调查数据，发现董事会和高级管理人员对于风险管理的实施至关重要，另外是否由"四大"会计师事务所审计也与风险管理的实施正相关。惠特比和沃哈尔（Whidbee & Wohar，1999）发现，风险管理决策与独立董事的比例存在相关性。黄建兵等（2008）发现股权集中度与风险管理行为呈正相关；贾炜莹等（2010）则发现股权集中度越高、股权制衡度越差的企业会更少地使用金融衍生工具。这些研究表明，公司治理特征会在一定程度上影响企业是否使用金融衍生工具。

更进一步地，博德纳尔等（Bodnar et al.，1998）在对美国企业使用金融衍生工具的问卷调查中发现，治理水平越低的企业通常会保留更多的未被套期保值的风险敞口，以期获得超额风险收益。盖茨等（Geczy et al.，2007）指出，为防止过度的风险承担，美国企业会利用内部控制来监督金融衍生工具的使用，以确保金融衍生工具是用于套期保值而不是投机套利，频繁的投机套利通常反映出较低的公司治理水平。布仑塞尔等（Brunzeil et al.，2011）发现，股权分散的公司倾向于使用金融衍生工具增加收入而不是为了风险管理。大股东拥有更多的资源和积极性来监督管理者是否实施只对自己有利的风险管理策略①。雷尔（2012）构造 GIM 公司治理指数来综合评价公司治理强度。研究发现，当汇率风险、财务困境成本和投资机会较高时，公司治理水平较高的企业更加倾向于使用金融衍生工具，相反，当管理者持有相对多的非多元化资产，即使汇率风险较低，公司治理的公司水平较低也会更多使用金融衍生工具。程玲莎（2016）使用中国非金融企业数据，研究发现公司治理对管理者使用金融衍生工具的动机存

---

① 对大股东的定义同样存在很大的差异。图法诺（Tufano，1996）考虑的是非管理层且持股比例超过 10% 的股东，柯诺夫等（2002）、马尔什和普雷沃斯特（2005）考虑的是所有持股比例超过 5% 的股东。还有区分内部持股和外部及机构持股比例等（Whidbee & Wohar，1999），甚至还区分实际投票权（Borohovich et al.，2004）。

在重要影响，公司治理水平越高，管理者越倾向于利用金融衍生工具避免财务困境风险；相反，管理者越倾向于利用金融衍生工具规避薪酬风险。这些研究表明公司治理特征会对金融衍生工具的使用目的和使用方式产生显著的影响，更为重要的是，公司治理的作用机制可能会体现在管理者使用金融衍生工具的动机上。但是，上述文献所关注的样本企业多处于公司治理状况较好的国家（尤其是美国）。

3.1.4 管理者异质性与金融衍生工具使用

自汉布里克和玛森（Hambrick & Mason，1984）开创高层梯队理论以来，管理者个人特征对企业决策及其绩效的影响开始受到学者的关注。在以往的文献中，学者们发现高管的背景特征对企业的投资（Jense & Zajac，2004；Carmeli & Halevi，2009）、风险态度（Faccio et al.，2016）、绩效（Finkelstein & Hambrick，1990；Simsek，2007）等都有着重要影响。

达马索和沃哈尔（1995）、布里登和维斯瓦纳坦（2016）指出，管理者能力会影响企业管理风险的意愿和套期保值的使用。达马索和沃哈尔（1995）认为，因为信息不对称，劳动力市场根据企业的业绩来评价管理者能力，股东通过观察公司的经营状况获知管理层能力水平，这就把管理者能力以及未来的薪酬与公司当期的利润联系在一起。收入和现金流是经营业绩的两个代表性度量，但收入和现金流往往会受到汇率、利率等宏观经济因素的影响，因此存在噪声，这些宏观经济因素是管理层无法控制的。如果信息是完全的，股东很清楚管理层的能力，套期保值不会作为传递管理者质量的信号，但是管理层和股东之间的信息不对称使得管理层更为清楚公司所面临的风险的来源和大小。达马索和达菲（1995）认为，管理水平较好的管理者希望运用套期保值来对冲与宏观经济相关的风险，以便外部投资者对管理者能力的识别不受市场风险因素的影响；除非被外部管理者适当监督，否则管理水平不好的管理者更不太可能从事套期保值，管理风险的意愿更低。布里登和维斯瓦纳坦（2016）认为套期保值能够改善会计盈余的信息量，并揭示管理者真实的能力。

管理者能力是管理者的一项重要个人特征（Leverty & Grace, 2011；Demerjian et al., 2012；Baik et al., 2012），它在公司治理和财务决策中的作用逐步成为一个重要并被广泛关注的研究课题（Bertrand & Schoar, 2003；Milbourn, 2003；Rajgopal et al., 2006；Francis et al., 2008；Leverty & Grace, 2011）。但是，管理者能力的多维性使得直接对其进行测度是很困难的。在以往的实证研究中，研究者多使用管理者的任期、教育水平、性别、年龄等人口背景特征来推断管理者能力（Baik et al., 2012）。

图法诺（1996）和克罗齐等（Croci et al., 2017）关注管理者年龄对金融衍生工具使用的影响。图法诺（1996）认为，管理者的年龄对金融衍生工具使用的影响是复杂的：虽然年长的管理者厌恶风险，更期望降低企业风险，但同时又极力避免使用金融衍生工具等复杂的金融工具来管理风险①。克罗齐等（2017）发现，CEO 的年龄与企业套期保值行为之间正相关，而且对于越接近退休年龄的 CEO，两者的相关性更加明显。

也有学者关注管理者任期与金融衍生工具的关系。例如，图法诺（1996）认为，任期的影响是不确定的。这是因为任期越长

---

① 众多实务界人士认为，虽然年长的管理者愿意尽可能地管理风险，但是他们普遍不愿意了解和使用金融衍生工具！而且这些人群多集中于 45 岁以上，图法诺（1996）将其归纳为"45 岁定律"。

的管理者会更加厌恶风险，有更强烈地规避风险的意愿和使用金融衍生工具的动机，不过，既然任期越长的管理者往往年龄也偏大，而年龄的因素会使得任期与金融衍生工具使用之间的相关性并不确定。因此，在图法诺的这篇文献中，CEO、CFO 的任期与金融衍生工具使用之间相关性的检验结果并不一致。约翰和索尼克（John & Sonik，2018）的研究表明，CEO 的工作经验和任期与套期保值正相关。

管理者工作经验对金融衍生工具使用的影响也得到了关注。例如，约翰和索尼克（2018）指出，具有金融工作经历的管理者风险容忍度更低，表现为更低的企业风险承担水平和更大程度地风险管理活动。管理者职业背景影响企业风险管理行为。一方面，财务和金融职业背景有助于管理者更为了解企业和行业的风险特征，从而更加可靠地预估风险并充分整合内外部信息以制定风险应对策略；另一方面，相关背景有助于管理者更为了解金融衍生工具的风险收益结构特征，正确地评估衍生品的价值和合理地安排金融衍生工具交易，从而更好地对冲风险和避免因衍生品合约错配导致投机套利的发生。金融衍生工具是建立在基础资产或负债之上，其价格与基础产品的价格或者数量变动息息相关。较之证券、保险等其他金融工具，金融衍生工具合约的设计条款更为复杂。

另外，研究表明管理者特征对金融衍生工具使用的影响会受到制度环境的影响。例如贝伯和法布尔（Beber & Fabbri，2012）发现，欧美发达国家的企业使用金融衍生工具已经形成相对标准化的流程，因此管理者特征对金融衍生工具使用效果的影响较小，高管特征对金融衍生工具使用的影响更多地体现在其由于过度自信产生的投机上。孟庆斌等（2016）发现，国企高管对金融衍生工具使用效果的影响弱于民企，并将其归因为民企具有更加宽松的监管环境和更好的激励，管理者能力更容易得到发挥。

3.2　金融衍生工具使用的经济后果研究

金融衍生工具是伴随企业规避风险的需要而诞生和发展的，多数针对成熟市场的实证研究证明，衍生工具的使用能够有效降低公司风险，提高公司业绩和价值。

3.2.1　金融衍生工具使用效果

1. 金融衍生工具使用与企业价值

金融衍生工具是伴随企业规避风险的需要而诞生和发展的，多数针对成熟市场的实证研究证明，衍生工具的使用能够有效降低公司风险，提高公司业绩和价值。

财务风险管理理论认为，如果企业套期保值的目标是减少现金流波动从而增加企业价值，那么企业套期保值决策将取决于与市场摩擦相关的成本。已有研究发现，企业会因为节税、减少财务困境成本、降低融资成本和投资不足等动因进行套期保值（Bessembinder，1991；Nance et al.，1993；Froot et al.，1993；Geczy et al.，1997；Leland，1998；Graham & Rogers，2002），那么套期保值就能显著增加企业价值（Allayannis & Weston，2001；Grahan & Rogers，2002）。例如，格雷厄姆和罗格斯（2002）认为，如果套期保值目标是降低不完美市场的摩擦成本，那么金融衍生工具的使用能显著增加企业价值；南斯等（1993）对1986

年美国 104 家企业进行分析发现，使用金融衍生工具进行套期保值减少了预期税收支出，降低预期破产成本以及其他代理成本，从而提高公司业绩。格雷厄姆和史密斯（Graham & Smith，1999）、格雷厄姆和罗格斯（2002）亦从经验数据中得到了相似的结论。弗鲁特等（1993）、弗鲁特和斯坦因（Froot & Stein，1998）认为收入不稳定会导致内部留存收益波动过大进而产生投资不足，风险管理有助于缓和现金流量的波动幅度并保障内部资金流的供给，因此能够缓解投资不足并提升公司价值。国外已有研究发现企业会因为规模效应、节税、减少财务困境成本、提高负债能力、增加税盾、降低投资不足等动机进行套期保值。国内的套期保值研究也多是从降低摩擦成本的角度来检验套期保值行为的动因，随着人民币汇率机制改革和金融衍生工具强制信息披露要求的推出，国内学者也开始关注我国金融衍生工具使用及其价值影响方面的问题。郭飞（2012）以 2007～2009 年间 968 家中国跨国公司为研究对象，研究发现外汇衍生工具对冲汇率风险可以给企业带来约 10% 的价值溢价。基于 2007～2011 年间 3 105 家制造业上市公司的数据，斯文（2013）研究发现外汇衍生工具使用给企业价值带来平均约 19% 的溢价，这个更高的溢价结果说明在制造行业外汇风险敞口管理能够给股东带来更多的收益。这一实证发现和基于发达国家跨国公司的不少研究相一致。此外，斯文（2013）以商业银行这一衍生工具市场的主要参与主体为样本，研究发现场外衍生工具使用对企业价值具有正向影响，但受场外市场交易透明度低、利率市场化程度不高和银行大股东性质特殊等外部条件的制约，这种正向影响并不显著。

然而，也有学者提出了不同的观点，他们认为这些研究结论的成立只局限于某些特定市场环境，使用金融衍生工具并不一定会帮助企业提升业绩，如阮和法弗（Nguyen & Faff，2007）、弗韦和纳兰霍（Fauver & Naranjo，2010）分别通过对澳大利亚和美国的数据的研究发现，对于那些企业和投资者在金融衍生工具的使用上信息不对称程度较高的公司，金融衍生工具的使用反而降低了公司价值。巴特拉姆等（2009）指出，不同的风险类型下，衍生工具的风险管理活动与企业价值的相关性是不同的，风险管理显著增加企业价值的结论仅仅是针对某些风险的套期保值才能够成立。与此观点一致，彼得森和契亚格拉杰（Petersen & Thiagarajan，2004）认为，研究风险管理的价值作用机制时必须控制住潜在风险的种类和方向。但是他们都没有再做深入的分析。

2. 金融衍生工具使用与企业风险

企业风险有很多种类。一般来说，运用金融衍生工具套期保值可能影响的企业风险包括系统风险和企业特定风险，系统风险又可以进一步细分为市场风险、利率风险和汇率风险。有关运用金融衍生工具是降低还是增加企业风险的实证研究，并没有统一的结论。归纳起来，大致可以分为无关论、正面效应、负面效应和协调风险管理等四种观点。

盖伊（1999）实证研究表明，运用金融衍生工具可以降低企业风险。该模型的独特之处是首次运用金融衍生工具的企业作为研究对象，观察金融衍生工具能否降低企业风险。因为研究是在假定企业核心商业风险不变（如盈利模式、产品质量、市场营销等风险在不同的行业和企业之间是相同的）的基础之上，但是在实证研究中却很难找到一个代理变量来控制核心商业风险。因此盖伊（1999）独辟蹊径，通过检验首次使用金融衍生工具的企业在使用该交易后企业风险的变动来判断金融衍生工具对企业风险的影响。盖伊发现，在使用金融衍生工具后，企业的总风险、利率风险、汇率风险和非系统性风险的平均值和中位数变化显著为负。出于稳健性考虑，在利用控制样本企业进行校正后，即首次运用风险变化减去配对控制样本的风险变化后，剩余风险变化平均值与中位数的 t 检验值和 z 检验值仍为负，说明金融衍生工具使用能够降低总风险、特定风险、利率风险和汇率风险，阿洛亚尼斯和奥菲克（2001）也得出相似的实证结论。

亨切尔和科塔里（2001）则得出中性的结论，认为运用金融衍生工具对降低企业风险影响不是非常明显。他们采用的方法是，分别使用股票日收益标准差和市场 Beta 作为因变量，用资产市场价值标准化后的金融衍生工具头寸以及权益市场价值、杠杆率、账面市值比等作为自变量进行回归，通过观察金融衍生工具头寸[①]变量系数的符号、大小及显著性来判断金融衍生工具对企业风险的影响。研究发现，如果模型仅以金融衍生工具作为唯一的解释变量，则系数显著为正，说明金融衍生工具的使用可能会增加企业风险。但是继续纳入其他控制变量，金融衍生工具系数的显著性明显下降。即使金融衍生工具使用程度由 0.6% 上升至 64.2%，外汇类金融衍生工具对外汇风险的影响依旧是微乎其微。此外，还对比了使用和未使用金融衍生工具这两类企业的风险差异，实证检验并未发现两者的股票收益波动性表现出明显的差别。这与乔瑞（Jorion，1990）、科斯基和帕提弗（Koski & Pontiff，1999）、巴特拉姆等（Bartram et al.，2010）的发现是一致的。究其原因，该文认为企业运用金融衍生工具主要是为了缓解与短期合约有关

---

① 亨切尔和科塔里（2001）使用金融衍生工具名义价值与总资产的比值衡量金融衍生工具使用程度。

的风险，而与这些短期合约有关的现金流仅代表公司价值的一小部分，因此减少这些合约的风险不可能对公司总波动有重大影响。这个结论与传统的公司风险管理理论认为的套期保值可以降低的观点风险非常不同。考虑套期保值行为与企业风险之间可能存在互为相关性，他们还构建了联立方程进行内生性检验，实证结果依旧稳健。

卡特等（2006）的实证同样发现外汇类金融衍生工具使用对企业外汇风险的影响并不显著，但是他们给出了与亨切尔和科塔里（2001）不同的解释。卡特等（2006）认为可能的原因是，企业能够通过选择财务策略（例如使用金融衍生工具）和/或经营策略（例如利用选址、定价）实施风险管理，金融衍生工具通常被运用于短期风险管理（Allayannis & Ofek，2001），经营策略通常被运用于长期风险管理（Petersen & Thiagarajan，2000），因此金融衍生工具的避险效果会受到企业风险管理方式选择的影响。实证结果也通过了内生性检验。

也有理论预测公司的所有者可能会使用金融衍生工具来承担额外的风险。这些理论建立在布莱克和斯科尔斯（Black & Scholes，1973）有关期权和公司所有权的类比基础之上，这个类比表明高波动性有益于股权所有者（被视为买入期权者）牺牲债权所有者（被视为卖出期权者）的利益；詹森和麦克林（1976）以及迈尔斯（Myers，1977）认为，为了把财富从债权持有者转移到股票持有者手中，杠杆企业具有增加公司风险的动机。也就是说，金融衍生工具的使用会导致风险增加。

虽然传统的风险管理理论认为套期保值的作用是降低与现金流波动相关的成本，从而为股东创造价值，但是越来越多的学者认为最小化风险并非是最优的套期保值策略（如 Ederington，

1979；Anderson & Danthine，1981；Kahl，1983），这些观点认为
套期保值的目标不是最小化风险而是实现风险和收益均衡下的利
益最大化。斯兰德和于纳尔（Schrand & Unal，1998）认为套期保
值不仅仅是风险降低工具，而且是风险分配工具。他们根据对企
业经济利润的贡献程度将企业风险划分为核心经营风险（core
business risk）和同质风险（homogeneous risk）。核心经营风险是
由非系统性风险构成，因为对这类风险拥有相对的信息优势，所
以风险承担能够获取超额的风险收益。同质风险是由汇率、利率
和商品价格的未预期波动所导致，因为对这类风险并不拥有信息
优势，所以在有效市场中不可能通过风险承担来获取超额收益。
假若这两类风险是彼此独立的，企业可以运用金融衍生工具的套
期保值实现收益最大化，反之是不太可能通过套期保值来降低每
一种风险，这是因为每一种风险的改变都会影响到其他风险。企
业的风险管理行为往往表现为协调风险管理（coordinated risk man-
agement），即"增加核心经营风险的同时降低同质风险，最终实
现总风险水平目标的管理方法"[1]。虽然企业运用金融衍生工具套
期保值仅起到了分配风险而不是降低风险的效果，但是，套期保
值让企业在保持总风险既定或略微增加的情况下，可以承担更多
的核心商业风险，因此可以赚取更多的经济利润。在对美国储蓄
放贷互助银行的套期保值行为的实证检验中，发现套期保值与利
率风险、信贷风险分别呈显著正相关和负相关，而与总风险之间
不存在显著地相关性。诺玛（Noma，2006）实证研究发现，运用
金融衍生工具会显著增加企业总风险和非系统性风险，但是与系

---

[1]　斯兰德和于纳尔（1998）认为降低同质风险的目的是为了提高核心经营风险
承担的能力，增加核心经营风险的目的是为了获取超额风险收益，套期保值未必一定
会降低总风险。

统性风险之间不存在显著地相关性，针对这种现象，他们利用斯兰德和于纳尔（1998）的协调风险管理给出了解释。

中国学者的大多数试图回答国内上市企业为什么使用金融衍生工具去降低企业风险而非金融衍生工具是否会降低企业风险。贾炜莹等（2009）以中国 1 151 家非金融上市公司 2007 年横截面数据为研究样本，对上市公司运用金融衍生工具对公司风险的影响进行了实证研究。被解释变量分别为年度贝塔（beta）值所衡量的系统风险和 Z 分值（Z_score）所衡量的破产风险，使用套期保值虚拟变量作为解释变量，公司规模、资本结构、成长性、资产结构作为控制变量进行多元回归，结果表明金融衍生工具对企业的系统风险和破产风险有微弱的增加效应。李义超（2010）等也得出运用金融衍生工具会增加系统性风险和股票收益波动率的相似结论。不过这些研究并未区分金融衍生工具的套期保值和投机套利行为。显然，这些观点与传统的企业风险管理理论存在很大不同，而且也与我国上市公司实际的金融衍生工具的使用目的有较大出入。

我们发现，国外学者研究套期保值的风险效应时一般会控制风险的种类，其中以外汇风险研究居多，商品价格风险和利率风险较少。对于在经验研究中区分风险类型进行实证检验的意义，一些学者给予了解释。巴特拉姆等（2009）发现在使用金融衍生工具越频繁、财务越复杂的企业，任何一种现有的风险管理理论都难以完全解释风险管理行为的动因。风险管理的动因不但会受到共同因素的影响，但还会受到其他特定因素（firm-specific）的影响，而且不同的风险类型下，金融衍生工具的套期保值活动与企业价值的相关性是不同的，套期保值显著增加企业价值的结论仅仅是针对某些风险的套期保值才能够成立。与此观点一致，彼得森和契亚格拉杰（2004）也认为，研究套期保值的价值作用机制时必须控制住潜在风险的种类和方向。国外学者大都意识到这个问题，并使用不同方法来控制住企业潜在风险。例如，盖茨等（Geczy et al.，1997）、阿洛亚尼斯和奥菲克（2001）、阿洛亚尼斯和韦斯顿（2001）、卡特（2004）、亨切尔和科塔里（2001）、巴特拉姆等（2010）研究金融衍生工具对外汇风险的影响；图法诺（1996）、彼得森和契亚格拉杰（2004）、金和乔瑞（Jin & Jorion，2006）等研究金融衍生工具对商品价格风险的影响；威斯纳桑（Visvanathan，1998）、亨切尔和科塔里（2001）研究金融衍生工具对利率风险的影响。不过，也有一些研究并未区分潜在风险类型，例如巴特拉姆等（2011）。相比之下，国内学者大多不直接区分风险类型，这主要是因为受到基础数据的可得性以及样本大小的限制。

3.2.2　公司治理与金融衍生工具使用效果

越来越多的经验研究指出，由于股东和管理层在委托代理关系上存在利益冲突和信息不对称，企业的套期保值决策实际上取决于管理者的风险偏好（Jensen & Murphy，1990）。图法诺（1996）认为风险管理通过降低现金流波动以确保内部资金的可获得性，从而减少对昂贵的外部资本市场的依赖。在不存在代理冲突的情况下，风险管理使企业能够避免外部融资的无谓成本，并降低投资不足，然而在存在代理冲突的情况下，风险管理事实上会降低价值，因为来自外部融资市场约束的缺乏使得管理者可以自由追求偏好项目（pet project），而不必考虑对企业价值的影响。

盖伊和科塔里（Guay & Kothari，2003）、阮和法弗（2003）

发现套期保值对企业价值的影响并不显著甚至为负。洛克曼（2005）认为，以往文献所发现的价值影响更多地是受到非套期保值因素的影响，例如代理成本大小，而这些因素变量在以前文献中被忽略了。洛克曼在实证中使用了企业风险不同的两组样本，他指出如果套期保值与企业价值之间正相关，那么实证结果会表明风险较大的企业样本组的套期保值溢价更为显著。但是实证结果结果恰恰与预期相反。弗韦和纳兰霍（2010）通过对1 746家美国大型跨国公司1991～2000年的数据进行实证研究，他们发现存在更多代理和监管问题（例如经营不透明、更高代理成本、公司治理水平差）的公司，外汇衍生品使用与企业价值之间存在负相关关系。阿洛亚尼斯等（Allayannis et al.，2012）研究了国家和公司层面治理水平对外汇衍生品对冲价值溢价的影响。在公司治理变量设计上，主要有股东性质、总裁是否兼任董事长、是否存在持股10%以上的大股东等。他们以这些治理变量为基础，构建公司治理水平指数，实证研究发现，公司治理水平高的企业，外汇衍生品使用带来的企业价值溢价有10.7%。相反，公司治理水平低的企业，这种价值效应并不显著。雷尼（Renee，2012）基于619家英国上市公司2007～2009年的数据，实证研究发现，良好的公司治理使得外汇衍生品使用带来的企业价值溢价有1.4%，而公司治理水平差的企业，外汇衍生品使用给企业带来－2.9%的价值折损。

以上各位学者的研究，均是通过构建公司治理水平指数来作为公司治理水平的度量变量，但可能因研究样本的不同和选取公司治理水平指数构建变量的差异，导致得出的价值溢价（折价）水平差异较大。在外汇衍生品使用与企业价值，公司治理与风险管理决策问题上，国内外学者已进行了较为丰富的研究，但有关公司治理对外汇衍生工具使用与企业价值关系影响的研究目前仅有基于发达国家的成果，因而还有很大的研究空间。就中国企业外汇衍生工具使用的价值影响而言，由产权性质和股权结构主导的公司治理机制的独特影响值得关注。

3.2.3　管理者异质性与金融衍生工具使用效果

巴特拉姆等（2009）认为，在使用金融衍生工具越频繁、财务越复杂的企业，任何一种现有的风险管理理论都难以完全解释风险管理行为的动因。风险管理的动因不但会受到共同因素的影响，还会受到其他特定因素的影响。

管理者能力是高管的一项重要个人特征（Leverty & Grace，2011；Demerjian et al.，2012；Baik et al.，2012），管理者能力在公司治理中的作用和财务行为逐步成为一个重要并被广泛关注的研究课题（Bertrand & schoar，2003；milbourn，2003；Rajgopal et al.，2006，Francis et al.，2008；Chang et al.，2010；Leverty & Grace，2012）。例如，常等（Chang et al.，2010）发现金融市场对 CEO 离职消息的反应与 CEO 离职前薪酬和业绩相关，这表明 CEO 薪酬和企业业绩反映了 CEO 能力，CEO 个人特征影响企业业绩，企业业绩并非完全取决于企业资产、其他雇员、运气等非 CEO 个人特征；莱尔提和格蕾丝（Leverty & Grace，2011）发现管理者能力影响企业经营失败的概率和所处困境的时间。

值得注意的是，虽然委托代理理论和高层梯队理论构成了解释公司行为差异的两个主要理论，但是，从管理者个人特征角度研究企业风险管理行为和后果的相关文献仍十分缺乏。根据文献整理，重要的研究发现在于以下几篇。布朗等（Brown et al. ，2006）认为，企业金融衍生工具使用者对未来利率、汇率、商品价格的预期会影响套期保值比例。在对 1993 ~ 1998 年间 44 家金矿企业的套期保值行为的研究中发现，套期保值比例与当期金价变动呈正相关，套期保值比例变动与滞后一期的金价变动呈负相关。这并不符合风险管理理论的预期，传统风险管理理论认为，金矿企业面临的主要风险是商品价格风险，金价下跌意味着未来交易的损失，企业应该卖出期货合约以锁定高价，反之，应该减少套期保值行为。布朗等（2006）对此解释为管理者对市场的判断影响了金融衍生工具决策，管理者根据对市场价格走势的判断来调整金融衍生工具的头寸，如果非金融企业对其所不熟悉的市场风险进行套期保值的话，那么不大可能通过套期保值来提升企业价值。他们同时指出，管理者预测能力是建立在对产品价格拥有信息优势，有能力预测未来收益之上的。斯图尔茨（1996）、都德（1995）、博德纳尔等（1996，1998）、格朗姆（Glaum，2002）、亚当和费尔南多（2006）也都发现在大部分企业里，金融衍生工具使用者对未来市场风险的预期会影响金融衍生工具决策，套期保值比例存在较大波动。他们认为管理者的预测能力是在正确理解企业风险容忍上的相对优势的基础上，利用风险溢价以获得超额收益。

阿布里克（Arbirck，2007）认为，管理者自由裁量权的大小与高层梯队理论对企业绩效的解释力度呈正比，如果管理者自由裁量权大量存在，那么管理者特征将更多的反映在战略行为及其绩效上（这种影响对企业绩效来说可能是有利的，也可能是不利的），反之，高管特征就是无关紧要的了。汉布里克（Hambrick，2007）认为，管理者自由裁量权使得管理者能够个性化的解读企业所面临的经营环境，而不是简单遵照行业规范和约定，高管特征对企业业绩的影响更加显著。博特和斯科拉（Bertr & Schoar，2003）指出，管理者特征导致企业次优策略的概率是与董事会监督管理者能力的水平呈正比的。

从研究内容上看，已有研究几乎全部是基于美国企业数据（Bartram，2019）。事实上，与发展中国家相比，美国的企业拥有更高效率的业务流程管理，这意味着，管理者异质性特征可能在包括中国在内的发展中国家的企业决策中会发挥更为重要的作用（Beber & Fabbri，2012）；从研究方法上看，尽管对金融衍生工具使用的经济后果研究从单纯基于传统公司金融学研究到行为金融学研究的演进，但管理者的年龄、性别和从业经历等显性特质因素仍是研究重点。但这些因素仅仅是管理者个体特质的"冰山一角"，管理者的隐性特质如能力、品质、声誉等因素才是影响其认知及其行为的关键（徐宁等，2019）。因此，相关研究尚处于起步阶段。

3.3 金融衍生工具市场外部监管制度及其效果研究

3.3.1 外部监管制度

金融危机使得公司治理再次成为自安然、世通事件之后人们争论的热点。内部治理机制会对危机后果的进一步恶化起到推波助澜的作用，凸显外部治理机制的重要性（Erkensa et al.，

2012）。危机爆发后，欧美各国和各国际组织相继提出相关监管改革的指导方针与政策意见以保护投资者权益，如美国《多德—弗兰克法案》、英国《金融监管的新方法：评判、集中和稳定》、欧盟《欧洲市场基础设施监管规则》等。金融衍生工具监管呈现出监管重心向宏观审慎转变，监管理念向功能监管转变，监管模式向统筹协调转变等趋势。我国政府及相关监管机构也纷纷出台多项监管制度以强化金融衍生工具监管，这些监管部门涉及证监会、银保监会、外汇局、国资委等多部门，被监管的对象和内容各有侧重（见表3－2）。我国金融衍生工具市场的外部监管呈现出"分业经营、分业监管"的多头监管特点。在金融危机期间，不少中国大型国企（如中国航空、中国远洋和华能集团）因为场外衍生品交易蒙受巨额损失。这些损失的产生可能是源于管理者不甚熟悉金融衍生业务、过度自信，以及企业内部控制制度和外部监管缺位。2009年，国务院国资委副主任李伟在企业国有产权管理工作暨产权交易机构工作会议上提出要加强对国有企业投资金融衍生工具的监管，防范国有企业投资金融领域的风险。同年，国务院国资委发布了《关于进一步加强中央企业金融衍生业务监管的通知》（2009年2月）和《关于做好金融衍生业务季报工作的通知》（2009年6月），涉及场内和场外交易的持仓规模、资金使用、风险敞口及盈亏等，以加强对央企金融衍生工具使用情况及其信息披露的监管力度。因此，自2009年起，对央企金融衍生工具使用情况的政府监管得到进一步加强。

表 3 - 2 我国金融衍生工具的外部监管主体与主要监管规范

监管主体	监管对象与内容	主要监管规范
中国人民银行	利率互换、远期利率协议、外汇掉期、债券远期的交易和全国银行间债券市场的资产支持证券发行与交易等场外金融衍生工具交易	《关于开展人民币利率互换业务有关事宜的通知》《远期利率协议业务管理规定》《关于在银行间外汇市场开办人民币外汇货币掉期业务有关问题的通知》《全国银行间债券市场债券远期交易管理规定》《资产支持证券信息披露规则》
证监会	股指期货、股票期权等在交易所进行交易的场内金融衍生工具以及证券公司、证券投资基金参与金融衍生工具交易活动	《证券公司资产证券化业务管理规定》《股票期权交易试点管理办法》《证券期货经营机构参与股票期权交易试点指引》《合格境外机构投资者参与股指期货交易指引》《期货公司监督管理办法》《关于进一步推进期货经营机构创新发展的意见》《期货公司资产管理业务试点办法》《关于建立金融期货投资者适当性制度的规定》《证券公司参与股指期货、国债期货交易指引》《期货公司风险监管指标管理办法》《外商投资期货公司管理办法》《证券期货经营机构私募资产管理业务管理办法》《期货公司监督管理办法》
银保监会	商业银行、信用合作社、政策性银行、金融资产管理公司、信托公司、企业集团财务公司、金融租赁公司、保险公司等金融保险机构参与金融衍生工具业务活动	《信贷资产证券化试点管理办法》（与人民银行合发）、《金融机构信贷资产证券化试点监督管理办法》、《关于进一步加强银行业金融机构与机构客户交易衍生品风险管理的通知》《信托公司参与股指期货交易业务指引》《金融机构衍生品交易业务管理暂行办法》《中国银监会关于进一步加强银行业金融机构境外运营风险管理的通知》《保险资金参与金融衍生产品交易暂行办法》《项目资产支持计划试点业务监管口径》《中国银保监会办公厅关于印发保险资金参与金融衍生产品交易办法等三个文件的通知》
财政部	从财务会计方面对参加金融衍生工具交易的企业会计制度以及央企投资金融衍生工具的业务活动进行规范	《关于信贷资产证券化有关税收政策问题的通知》《信贷资产证券化试点会计处理规定》《关于当前应对金融危机加强企业财务管理的若干意见》《关于印发修订〈企业会计准则第 37 号——金融工具列报〉的通知》

续表

监管主体	监管对象与内容	主要监管规范
外汇管理局	外汇衍生品业务	《全国银行间外汇市场人民币外汇掉期交易规则》（中国外汇交易中心与全国银行间同业拆借中心合发）、《合格境外机构投资者和人民币合格境外机构投资者境内证券期货投资管理办法》
国资委	国企参与金融衍生工具业务活动	《关于进一步加强中央企业金融衍生业务监管的通知》《国有企业境外期货套期保值业务管理办法》

资料来源：傅德伟、陈炜、杨梦：《全球衍生品监管实践、制度变迁与启示》，载于《证券市场导报》2016 年第 6 期。

3.3.2 外部监管效果

现有研究主要集中于金融监管在金融风险管理和金融创新中的作用，而且在结论上，无论是学术界还是实务界始终争议不断。

有研究认为，加强政府监管有助于规范和约束金融衍生工具交易，防范资本市场风险。例如黄和克诺尔（Huang & Knoll，2000）认为，由于现实市场的不完美和信息不对称，缺乏政府监管的场外衍生品市场无法有效提高社会整体福利水平。李智勇和刘任重（2009）指出，如果政府监管过于宽松，仅靠行业自律和国际组织是无法有效控制场外金融衍生工具市场风险。斯文（2012）研究了全球场内和场外衍生品市场，发现场外衍生品市场存在外部负效应、不对称信息、经纪商垄断等市场失灵问题，在政府监管缺失的情况下，单纯的市场机制无法实现资源配置的帕累托有效；加强政府监管可以纠正市场失灵并对场内衍生品市场产生监管正效应。李泽广、王刚（2014）指出，监管时滞会导致监管套利，若要较好地实现金融创新与监管业务类型和周期方面的协同性，需要对金融创新带来的新型风险及其放大效应做具体研究。

也有研究指出，政府监管会抑制企业的金融创新。米勒（Miller，1997）认为，金融衍生工具的系统性风险主要来自过度监管，应该加强对衍生产品的内部控制而不是政府管制。格林斯潘（Greenspan，2003）和汉特（Hart，2009）认为，对金融衍生工具的监管应当是市场而非政府的责任，运用内部公司治理和内部控制在防范金融机构承担过度风险方面显得更为有效。勒纳和特奥那（Lerner & Tuano，2011）指出，由于创新产品与交易模式的复杂性，监管部门的反应相对滞后，监管者很难追随上创新者的步伐。还有学者指出，金融监管对金融创新同时存在促进作用和抑制作用，净效应取决于两者博弈互动过程（皮天雷、罗怡，2009）。

3.4　小　　结

通过上述文献回顾，我们可以获得如下启示：

第一，国外对于金融衍生工具的研究更为成熟。从对金融衍生工具使用的影响因素研究来看，不仅提出了成熟的理论假说，并且对这些假说进行了大量的实证研究。这些假说的提出可以间接地说明企业运用金融衍生工具会对企业价值产生影响。在假说被证明的基础上，西方学者直接研究了企业运用金融衍生工具与企业价值之间的关系。相比较而言，由于国内金融衍生工具市场的发展起步较晚，而且境外金融衍生工具交易又受到严格的政策约束，企业使用金融衍生工具的广度和深度都不够，相关研究也相对缺乏。尽管一些学者对此做出研究，但总的来说，实证研究中的大部分解释变量是验证金融衍生工具使用是否会减少企业的财务困境成本，降低税收支出和投资不足，以及减轻代理冲突。然而，这些变量的影响比假设要复杂，要将所有的变量包含在实证的框架中需要对变量及其关系做进一步的研究和分析。国内从企业使用金融衍生工具进行套期保值的角度研究其对企业价值的影响也是近几年才出现的，并且其中的大部分是以国外市场为研究对象的，针对国内仅有的文献也是采用国内有色金属加工或生产行业的数据进行实证研究。我们认为，对于中国等新兴市场而言，其金融衍生工具市场发展历程较短，企业使用金融衍生工具的经验较为欠缺，且与成熟市场存在诸多制度和市场环境方面的差异，因此两种市场环境下企业的金融衍生工具使用效果可能相差甚远。因此，大样本验证金融衍生工具使用效果及其作用条件的研究很有必要。

第二，国内外学术界有关金融衍生工具影响因素的研究主要集中在公司财务特征方面和公司治理结构方面，尽管在这些领域里已经取得了大量的研究成果，但到目前为止尚没有达成一致性的结论，即使是同一影响因素的结论也存在较大的差异。尤其是对于金融衍生工具使用越频繁、财务越复杂的企业，传统的风险管理理论难以完全解释风险管理行为的动因及其经济后果。虽然委托代理理论和高层梯队理论构成了解释公司行为差异的两个主要理论，但是从管理者个人特征角度研究企业风险管理行为和后果的相关文献仍十分缺乏，管理者异质性可能产生的影响并没有得到足够的关注和重视。

第三，由于受到样本的局限性、研究方法的不同、度量的偏差以及会计信息披露的不同，金融衍生工具使用和企业风险的实证研究得出的结论差别很大。其一，使用金融衍生工具对企业风险的实证研究所使用的金融衍生工具行为的度量方法存在其局限性。使用二元变量的主要局限性在于对公司的金融衍生工具使用程度进行衡量，这可能导致套期保值 1% 的风险敞口的公司与套期保值 100% 的风险敞口的公司在实证检验中的地位完全一样，但实际上，金融衍生工具使用了 1% 风险暴露的公司与没有金融衍生工具使用的公司很难区分。因此将使用金融衍生工具作为虚拟变量对实证的结果会有影响。而使用金融衍生工具总面值的方法由于金融衍生工具总面值是多头与空头的，有可能会高估了公司使用金融衍生工具的程度。例如，公司各个部门采用不同方向的金融衍生工具，其总面值和可能会非常大，但是站在公司整体的角度而言，头寸很小，在这种情况下使用金融衍生工具的总面值作为公司整体使用金融衍生工具程度的衡量则有失偏颇，使用总面值作为使用金融衍生工具程度衡量的另外一个问题在于，公司并不是报告单独持有的货币金融衍生工具，而是先将同类的金融衍生工具空头寸进行抵消，这样的加总即便是对总面值而言也是存在测量误差的（Allayannis & Ofek，2001），格雷汉姆和罗格斯（2002）为避免上述缺陷采用净头寸的绝对值作为金融衍生工具的衡量。最新的 Delta 变量法虽然克服了上述两种方法的缺点，但是仅限于对某个具体行业的实证研究，同样具有局限性。其二，由于现在的会计信息要求披露企业使用金融衍生工具的头寸，但金融衍生工具涉及未来收益确认难度大，且有很强的技术性，使用金融衍生工具有效性的认定在中国是个难题，一旦期货金融衍生工具与现货市场采购盈亏不相抵，大部分时候企业就直接纳入投资处理，这就导致使用金融衍生工具的可靠性难以保证，而且不同的企业对金融衍生工具的统计方法不同，同一个企业对完全一样的金融衍生工具活动，也可能披露的方法不同，这就导致使用金融衍生工具的可比性难以保证。其三，尽管已有的理论分析为套期保值的风险效应提供了一些间接的证据，但并未对内部作用机制加以深入考察。

第4章 中国上市公司金融衍生工具
交易的调查与分析

我国金融衍生工具市场自 1992 年推出国债期货以来，已经发展成为世界上新兴且重要的金融衍生工具市场之一。美国期货业协会（FIA）对 2019 年全球 80 余家交易所场内衍生品交易的统计数据显示，中国内地市场成交量同比增长 23%，自 2008 年以来连续 12 年位于全球首位。时至今日，我国金融衍生工具市场已走过了近 30 年的历程，我国企业使用金融衍生工具的过程中具备哪些特征，金融衍生工具在风险管理决策中的认可度、产生的问题及前景如何？这些问题的系统性评估对于金融衍生工具的实务指导和政策制定都具有重要意义。然而，目前针对我国企业金融衍生工具交易状况的实证调查十分缺乏。因此，我们开展了对 2009~2015 年中国上市公司金融衍生工具交易的调查和分析①，本章报告了这次调查中的主要发现。

基于 2009~2015 年 A 股非金融上市公司数据，分别从企业分布、交易类型和合约类型、交易动机和目的等方面对金融衍生工具交易进行调查和分析。研究发现：金融衍生工具利用率逐年提高，但合约头寸并不高；逾 75% 的衍生品使用企业分布于制造

---

① 考虑到本书第 5 章和第 6 章的实证研究以 2009~2015 年中国上市公司为研究对象，故本章研究区间也限定为 2009~2015 年，以保持前后一致。

业，行业差异很大；外汇类是最常使用的交易类型，其他其次为商品类、利率类和权益类，且利率类和外汇类金融衍生工具交易发展最为迅速；合约类型单一，且在各交易类型中的分布很不均衡，主要合约品种为外汇远期和商品期货；相对于场内衍生品交易，更多企业在从事场外交易。

4.1 调查方法和样本结构

4.1.1 调查方法

1. 金融衍生工具使用与否的识别方法

本书所指的金融衍生工具仅指以金融资产和实物商品为基础资产的衍生工具。汪昌云（2009）根据交易方式和特点的不同将金融衍生工具划分为期货、远期、互换和期权等四种合约类型，并且根据标的物资产的不同将金融衍生工具交易划分为商品类、外汇类、利率类、股权类和信用类等五种交易类型。本书采用上述分类标准对金融衍生工具的交易类型及合约类型进行了划分。

参照格雷厄姆和罗格斯（2002）、王晓珂、黄世忠（2017）的方法，从巨潮资讯网获取上市公司2009~2015年的年度报告，根据上市公司年度报告内容识别出企业使用金融衍生工具的情况，如果检索结果表明该上市公司在年内发生了金融衍生工具交易，则确认当年度使用了金融衍生工具，否则为未使用。具体的识别方法是：（1）通过检索但不限于"衍生工具""金融衍生工具""衍生金融工具""现金流量套期""套期保值""套保"等关键词，来确认企业是否使用了金融衍生工具；（2）通过搜索包括但不限于"期货""远期""掉期""互换""期权""CDS""CRM""NDF"等关键词，来判断衍生品属于"期货""远期""掉期""互换"的哪一类；（3）通过搜索但不限于外汇远期、远期外汇、远期结汇、远期售汇、远期结售汇、外汇掉期、货币掉期、货币互换、汇率掉期、NDF、外汇调期、货币调期、汇率调期、外汇期权、货币远期等关键词，来确认是否使用外汇类金融衍生工具；（4）通过搜索包括但不限于期货（排除股指期货、国债期货）、黄金套期保值、燃油衍生工具、原油期货、原油期权等关键词，来确认企业是否使用商品类金融衍生工具；（5）通过搜索包括但不限于远期利率协议、利率互换、利率掉期、债务掉期、利率调期、债务调期、国债期货、利率期货、利率期权等关键词，来确认公司是否使用利率类衍生工具；（6）通过搜索包括但不限于股指期货、股票期货、股票指数期货、股指期货、股票期权、股票指数期权等关键词来确认是否使用权益类衍生工具。此外，搜索到对应关键词仍会根据该关键词前后文（关键词前后至少20个文字字符）判断是否为特定含义。

2. 金融衍生工具使用程度的计算方法

已有研究认为，"金融衍生工具使用与否"和"金融衍生工具使用程度"是衡量上市公司金融衍生工具行为的两个重要维度（Allayannis & Ofek，2001）[①]。国外研究大多采用金融衍生工具的

---

① 阿洛亚尼斯和奥菲克（Allayannis & Ofek，2001）指出，如果两家企业的金融衍生工具使用程度不同，这两家企业的金融衍生工具行为实质上是存在差异的，表现为金融衍生工具行为对企业风险及其价值影响是不同的，且金融衍生工具行为的影响因素也存在差异。

名义价值占总资产比重（例如，Knopf et al.，2002）。由于国外与国内会计准则的不同，中国的上市企业较少披露金融衍生工具的名义价值，披露金融衍生工具的公司大多使用期末公允价值。因此，本书使用上市公司当年持有的金融衍生工具期末公允价值与总资产的比值来衡量。根据 2007 年起实施的《企业会计准则》对金融衍生工具的披露、确认和计量标准，金融衍生工具的期末公允价值来自"流动资产""其他流动资产""其他非流动资产""流动负债""其他流动负债""其他非流动负债"，以及"交易性金融资产"和"交易性金融负债"等科目。

4.1.2 样本结构

本书以沪市和深市 2009～2015 年 A 股非金融上市公司为研究对象。2007 年起实施的《企业会计准则》要求上市公司必须详细披露金融衍生工具的交易情况及会计信息，并将金融衍生工具从原来的表外披露纳入表内核算，在该准则实施之前，多数企业并未对金融衍生工具使用情况进行披露或充分披露。在跨度七年的研究期间内，中国资本市场经历了金融危机、逐步深化的汇率和利率市场化改革，而且中国企业的进出口贸易额和对金融市场价格波动的敏感性逐年增长，这些经济背景为研究提供了极佳的窗口期。

金融衍生工具数据根据上市公司年度报告手工收集得出，其他数据来自深圳国泰安信息技术有限公司开发的 CSMAR 数据库（以下简称 CSMAR）。样本的选取主要遵循以下几个原则：（1）数据完备，相关参数可以计算；（2）剔除金融保险业公司。基于上述原则，2009～2015 年最终样本总量为 13 428 家，并以中国证监会 2012 年公布的《上市公司行业分类指引》的行业分类标准进行分行业研究，包括：农林牧渔业（A），采矿业（B），制造业

（C），电力、热力、燃气及水生产和供应业（D），建筑业（E），批发和零售业（F），交通运输、仓储和邮政业（G），住宿和餐饮业（H），信息传输、软件和信息技术服务业（J），房地产业（K），租赁和商务服务业（L），科学研究和技术服务业（M），水利、环境和公共设施管理业（N），居民服务、修理和其他服务业（O），教育（P），卫生和社会工作（Q），文化、体育和娱乐业（R），综合（S）。具体行业的样本构成情况如表4－1所示。

表4－1　　　　　　　　调查样本在各行业间的构成情况　　　　　单位：家

年度	A	B	C	D	E	F	G	H	I	K	L	M	N	O	P	Q	R	S
2009	32	39	961	62	36	96	66	9	60	94	18	4	10	8	0	1	7	62
2010	32	47	1 012	70	36	103	66	11	61	123	19	5	8	7	0	1	8	52
2011	36	52	1 168	72	39	115	72	11	72	128	24	4	9	8	0	1	12	54
2012	31	57	1 269	78	53	146	75	12	61	142	18	5	18	0	1	1	16	22
2013	33	61	1 313	78	57	151	78	12	65	135	5	19	0	1	1	18	23
2014	34	65	1 330	80	59	146	78	12	64	132	20	5	22	0	1	1	19	23
2015	35	70	1 364	86	64	143	78	12	67	132	20	12	23	0	1	2	27	25
合计	233	391	8 417	526	344	900	513	79	450	886	137	40	109	23	4	8	107	261

4.2　调查分析结果

4.2.1　使用金融衍生工具企业的分布特征

1. 使用金融衍生工具企业的年度分布

如表4－2所示，从使用金融衍生工具企业的数量来看，有越来越多的企业在使用金融衍生工具。使用金融衍生工具企业数量占总体样本数量的平均比例为 14.135%，各年分别为 12.204%、13.486%、14.278%、14.214%、13.975%、15.112% 和 15.039%。金融衍生工具得到更加广泛应用的重要原因可能在于，更多地企业需要利用金融衍生工具对冲商品价格风险、汇率风险和利率风险等市场风险。在研究期内，各年度金融衍生工具使用程度表现出相似的变化趋势，上市公司持有的金融衍生工具公允价值占资产总额的比重持续增加。值得注意的是，金融衍生工具的头寸并不高，即使是在金融衍生工具使用程度最高的 2014 年，金融衍生工具期末公允价值也仅占总资产的 0.827%。这些数据表明，虽然上市公司愈加重视金融衍生工具的风险管理功能，但是对金融衍生工具仍旧持较为谨慎的态度。

表 4 - 2 使用金融衍生工具企业的年度分布概况

年度	总体（家）	使用衍生品企业		
		数量（家）	占比（%）	使用程度（%）
2009	1 565	191	12.204	0.386
2010	1 661	224	13.486	0.449
2011	1 877	268	14.278	0.506
2012	2 005	285	14.214	0.478
2013	2 068	289	13.975	0.773
2014	2 091	316	15.112	0.827
2015	2 161	325	15.039	0.759
合计	13 428	1 898	14.135	0.620

注：使用金融衍生工具企业占比 = 使用金融衍生工具企业数量/年度样本总数；
金融衍生工具使用程度 = 使用金融衍生工具企业持有的金融衍生工具期末公允价值/期末总资产。

2. 使用金融衍生工具企业的行业分布

从表 4 - 3 可以看出，不同行业使用金融衍生工具的情况存在很大差异。有 1 450 家（约占使用金融衍生工具企业总数的 76.517%）分布于制造业（C），其中又以电气机械和器材制造业（C38），计算机、通信和其他电子设备制造业（C39），有色金属冶炼和压延加工业（C32）的分布数量最多，分别达到 219 家、173 家和 171 家，占制造业使用金融衍生工具企业总数的 38.828%。有 448 家（约占使用金融衍生工具企业总数的 23.604%）分布于除制造业外的 17 个行业中，其中以批发和零售业（F）、采矿业（B）及交通运输、仓储和邮政业（G）的分布数量最多，分别为 102 家、79 家和 64 家，占这 17 个行业使用金融衍生工具企业的 55.056%。我们认为，导致行业集中分布的可能原因是，大部分使用金融衍生工具的企业为资源密集型企业或出口导向型企业，相比较其他类型企业，这些企业的业绩波动对金融市场价格波动（例如商品价格波动、汇率波动）更加敏感，因此越倾向于利用金融衍生工具交易来管理市场风险。

表 4 - 3 使用金融衍生工具企业的行业分布概况

行业	数量（家）	占全行业比例（%）	占本行业比例（%）	行业	数量（家）	占全行业比例（%）	占本行业比例（%）
A	29	0.216	12.446	K	21	0.156	2.370
B	79	0.588	20.205	L	18	0.134	13.139
C	1 450	10.798	17.227	M	3	0.022	7.500
D	45	0.335	8.555	N	5	0.037	4.587
E	28	0.209	8.140	O	8	0.060	34.783
F	102	0.706	11.333	P	0	0	0
G	64	0.477	12.476	Q	0	0	0
H	0	0	0	R	5	0.037	4.673
I	29	0.216	6.444	S	12	0.089	4.598

4.2.2 金融衍生工具交易的动因及目的分析

现代金融理论认为，公司的价值取决于预期现金流和资本成本，增加公司预期现金流和降低资金成本都可以增加公司价值。基于此推理，斯图尔茨（1996）提出企业使用金融衍生工具进行风险管理的目的是为了减少现金流波动，从而降低摩擦成本并增加企业价值。此后研究发现，企业会为了降低财务困境成本、减少投资不足、节约税收支出、规模效应和管理者风险厌恶等使用金融衍生工具进行套期保值（Froot et al.，1993；Graham & Smith，1999；Carter et al.，2006；陈炜、王弢，2006；Adam & Fernando，2006；郑莉莉、郑建明，2012；张瑞君和程玲莎，2013；Gilje，2016）。借鉴已有研究（如 Allanannis & Weston，2001；Hanlon & Heitzman，2010；Bartram et al.，2011；Lel，2012），使用资产负债率（Lev，总负债/总资产）、资本支出（Invest，构建固定资产，无形资产和其他长期资产所支付的现金/总资产）、实际税率［ETRs，（所得税费用－递延所得税费用）/税前会计利润］、公司规模（Size，总资产的自然对数）和管理者风险偏好（Manager，管理者所持股份数与年末收盘价之积取自然对数）变量分别衡量财务困境成本动因、投资动因、税收动因、规模动因和管理者风险偏好动因。上述变量取值越大表明企业陷入财务危机概率越大，拥有更高的投资机会、税负成本和公司规模，以及管理者风险厌恶程度越高。进一步，根据"金融衍生工具使用与否"将总体样本划分为未使用金融衍生工具和使用金融衍生工具两组样本，并运用均值检验和中位数检验观察这些变量在两组样本中是否存在显著差异，以考察中国上市公司使用金融衍生工具的动因。

　　表 4 - 4 是金融衍生工具交易动因的分析结果。从总体样本来看，Lev 的均值和中位数分别为 0.468 和 0.474，说明大部分企业财务状况良好，破产概率较小；资本支出的均值和中位数分别为 0.059 和 0.044，标准差为 13.618，表明上市公司的投资机会分布比较分散；实际税率的均值为 - 22.7%，反映出大部分企业都享受了优惠税率；企业规模的均值和中位数分别为 21.962 和 21.784，标准差为 1.291，表明上市公司规模具有较大差异；管理者风险偏好的标准差为 8.019，较大的标准差表明上市公司在管理者风险偏好上的差异较大。从均值检验和中位数检验结果来看，使用金融衍生工具组的财务困境成本、投资机会、公司规模和管理者风险厌恶程度都显著大于未使用金融衍生工具组，与已有研究结论相符；实际税率并没有表现出明显的区别，与国外研究结论并不一致。均值检验和中位数检验的联合结果表明，财务困境成本、成长性、企业规模和管理者风险偏好可能是激励中国上市公司使用金融衍生工具的重要动因。更为重要的是，实证结果反映出中国上市公司使用金融衍生工具的主要目的是套期保值而非投机套利①。

----

　　① 盖茨等（1997）、盖伊（1999）等采用包括企业规模、财务困境成本等财务特征变量与金融衍生工具使用的相关性来判断企业使用金融衍生工具是用于套期保值还是投机套利。这是因为投机套利是追逐利润的活动，因此通常只有当企业对产品价格拥有信息优势，或者在衍生金融交易成本上具备规模经济的优势时，企业才会使用金融衍生工具对基础性资产进行投机套利。另外，如果投机套利是不可观察的，那么就不会因为其导致的损失受惩罚。因此，当企业面临财务困境时，低业绩公司的管理层就会有动机运用金融衍生工具获利以伪装成高业绩公司来迷惑外部人。

表 4 – 4 金融衍生工具交易的动因分析

变量	总体			衍生品使用企业		未使用衍生品使用		均值检验	中位数检验
	均值	中位数	标准差	均值	中位数	均值	中位数		
Lev	0.468	0.474	0.212	0.509	0.525	0.461	0.463	9.121***	9.474***
Invest	0.059	0.044	13.618	0.066	0.051	0.058	0.043	5.343***	8.135***
ETRs	-0.227	0.055	0.056	-0.158	0.032	-0.240	0.060	-0.2111	-5.680
Size	21.962	21.784	1.291	22.613	22.308	21.849	21.721	24.082***	19.562***
Manager	11.236	12.752	8.019	12.565	14.304	11.052	12.346	6.333***	6.641***

注：均值检验和中位数检验分别报告分组样本相关变量的 T 值和 Z 值统计值。*、** 和 *** 分别表示显著性水平 0.1、0.05 和 0.01。

4.2.3 金融衍生工具交易类型的分布特征

表 4 – 5 报告了金融衍生工具交易类型以及合约类型的构成情况。根据调查结果，虽然各年度金融衍生工具的使用情况差异较大，但是也具有明显的共同特征。使用最多的是外汇类金融衍生工具交易，占金融衍生工具交易总数的 52.150%。事实上，研究期内外汇类金融衍生工具交易的平均增长速度远高于其他交易类型。我们认为，随着人民币国际化进程的加快以及国内金融市场开放程度的加大，金融风险跨境传染性逐渐增强，尤其是在近年来国际金融危机余震不断的情况下，来自汇率波动的金融风险对国内企业的冲击越来越大，这些都可能是推动企业利用金融衍生工具管理汇率风险的原因。其次是商品类金融衍生工具交易，占金融衍生工具交易总数的 37.664%。中国企业越来越多地介入跨国贸易和制造行列，受到资源需求快速增长的拉动，中国已成为全球最大的黑色金属、有色金属、农产品、能源的生产与消费国

之一，企业的业绩波动与大宗商品价格变化之间的关联度越来越高，这些都可能是企业倾向于使用金融衍生工具管理商品价格风险的原因。利率类金融衍生工具交易位居第三，占交易总数的9.371%。值得注意的是，在研究期间，利率类金融衍生工具交易的平均增长速度仅次于外汇类金融衍生工具交易。可以预期，随着我国利率市场化改革的推进以及债券市场（尤其是企业债券市场）的发展，利率类金融衍生工具交易的未来增长空间十分广阔。权益类金融衍生工具交易使用的最少，仅占金融衍生工具交易的0.815%，而且半数以上发生在2010年股指期货上市交易之后。在研究期内，并未发现非金融企业从事信用类金融衍生工具交易。

调查还发现，上市公司使用的金融衍生工具品种较为单一。研究期内，72.208%的远期合约被运用于外汇类金融衍生工具交易，且约占外汇类金融衍生工具交易合约的97.656%；78.088%的期货合约被使用于商品类金融衍生工具交易，约占商品类金融衍生工具交易合约的64.508%[⑥]；57.182%的利率类金融衍生工具交易使用的衍生工具为掉期（互换），占掉期（互换）合约总数的47.586%；75%的期权被使用于商品类和外汇类衍生交易，尤其是外汇类衍生交易。总体上来看，企业比较偏好远期和期货合约，分别占合约总数的51.864%和30.992%。我们认为，目前国内金融机构的定价能力普遍不强，市场参与者缺少进行准确定价和设计产品的依据，而期权和掉期（互换）相对于远期和期货来说，其风险及定价更为复杂，这可能是期权和掉期（互换）不活跃的主要原因。

同时，我们也关注金融衍生工具运用于场内交易和场外交易的情况，表4-6是其分布情况。场内衍生品交易主要包括期货交易；远期、掉期（互换）交易属于场外交易。期权交易既可以是

表4-5

金融衍生工具交易类型的分布概况

单位：个

年度	商品类					外汇类					利率类					权益类				
	总量	期货	远期	掉期	期权	总量	期货	远期	掉期	期权	总量	期货	远期	掉期	期权	总量	期货	远期	掉期	期权
2009	92	83	24	6	4	97	14	93	17	4	30	0	13	30	3	2	0	2	1	1
2010	104	91	32	8	3	120	18	117	19	3	32	2	15	32	3	1	1	0	0	0
2011	116	99	42	10	4	159	24	156	23	5	32	3	19	32	4	2	2	0	0	0
2012	115	98	45	8	2	179	23	176	24	1	32	4	18	32	1	3	2	1	1	0
2013	129	109	50	10	3	175	25	172	24	3	30	3	19	30	1	4	3	1	1	0
2014	134	120	55	9	5	203	29	198	27	9	28	4	18	28	4	4	3	1	1	0
2015	142	127	64	10	6	219	38	213	28	8	23	4	14	23	3	2	2	0	1	0
合计	832	727	312	61	27	1 152	171	1 125	162	33	207	20	116	207	19	18	13	5	5	1

注：研究期内共有367个样本企业同时从事两种和以上的金融衍生工具交易，因此金融衍生工具交易的数量与使用金融衍生工具企业的数量并不一致。

场内交易，也可以是场外交易。我国金融衍生工具市场自 2015 年推出首支场内期权，即上证 50ETF 期权，并于 2017 年起陆续推出商品期权等其他场内期权种类。考虑到在本书中[①]，2015 年的研究样本并未包含股票期权，故而本书将期权交易完全纳入场外交易范畴。根据表 4 - 6 数据，从事场外衍生品交易的企业数量明显多于从事场内衍生品交易的企业数量。且场外衍生品交易中，更多的企业从事远期衍生品交易，结合表 4 - 5 数据，反映出利用远期结售汇来应对汇率波动风险是企业使用远期交易的主要目的。

表 4 - 6　　　　　　　场内和场外衍生品交易的分布概况　　　　单位：个

年度	场内衍生品交易（期货）	场外衍生品交易			
		总数	远期	掉期	期权
2009	97	198	132	54	12
2010	112	232	164	59	9
2011	128	295	217	65	13
2012	127	309	240	65	4
2013	140	314	242	65	7
2014	156	355	272	65	18
2015	171	370	291	62	17
合计	931	2 073	1 558	435	80

---

　　① 值得注意的是，本书样本不包括金融保险类企业，且删除存在变量缺漏值的样本。

4.3 小　　结

1. 研究结论

通过对 2009～2015 年中国上市公司金融衍生工具交易的调查和分析，可以得出以下主要结论：

（1）对金融衍生工具的总体认识方面。随着对金融衍生工具控制风险功能认识的不断深化，利用金融衍生工具预先锁定未来的价格（如销售、采购价格）和费用（如汇率、利率成本）以确保经营目标的实现已经逐渐成为管理层的共识，金融衍生工具在企业风险管理中的使用程度明显提高。但是与发达国家市场相比，我国在金融衍生工具的应用条件上尚存在着较大的差距，特别是在市场的规范和活跃程度、相关法律法规的完善程度两方面。这说明为了充分发挥金融衍生工具应有的作用，在宏观环境层面（如法律完善、市场培育、中介机构发展）和微观环境层面（如从业人员业务素质的提升和企业内部控制机制的完善）的建设任重道远。

（2）企业应用金融衍生工具方面。首先，外汇类和利率类金融衍生工具交易发展迅速，这种趋势与我国日益市场化的利率和更具弹性的汇率是相呼应的。自人民币汇率形成机制改革后，汇率变动的不确定性和复杂性的加剧使得企业利用金融衍生工具规避汇率风险的需求日益强烈。同时，利率市场化改革进程的加快会导致企业浮息贷款和发行的浮息债券的利息费用风险增加，从而加大企业利用金融衍生工具规避利率风险的需求。其次，金融衍生工具种类单一，主要集中在远期和期货，尤其是远期结售汇和商品期货，且交易品种与美国等发达国家相比仍存在相当差距，可供企业选择的金融衍生工具相对有限。以商品期货为例，中国内地自 2008 年起一直是全球最大的商品期货市场，2019 年成交量占全球 55.6%，国内四大期货交易所（大连商品交易所、郑州商品交易所、上海期货交易所和中国金融期货交易所）累计已上市的包括农产品、金属、能源等 59 种商品期货品种，而美国拥有期货品种多达 597 个。从场外金融衍生工具来看，主要是外汇远期、货币互换和利率互换，而在国际市场交易比较活跃的利率期权以及信用违约互换等还不能被国内非金融企业使用[①]。最后，金融衍生工具使用的深度和广度有待提高。虽然企业愈加重视风险管理，但是大多数企业对金融衍生工具仍旧持较为谨慎的态度。

2. 政策建议

针对中国上市公司金融衍生工具交易的现状及存在的问题，本书提出如下政策建议：

（1）完善金融衍生工具市场基础设施建设，推动金融衍生工具的金融创新。首先，改变金融创新模式。目前国内的创新模式是由监管部门开发出衍生工具品种和交易方式，然后再交由商业机构使用，但这并不符合通常的市场创新规律和原则。国外成熟的创新模式是在风险可控的原则下，尽可能地由商业机构自主创新，从而缩短为市场主体提供各类衍生工具品种和交易方式的进程。如果不改变当前模式，就难以提高金融创新的市场效率。其

---

① 虽然在 2010 年底国内已推出场外信用衍生工具 CRM（信用缓释工具），但是目前仅在银行和券商间交易，交易主体并不包括非金融企业。

次，改变分业监管模式。由"一行三会"的分业监管过度为集中监管，建立统一的监管机构负责金融衍生工具的监督管理，以充分地利用监管资源和提高监管效率（例如缩短金融创新的评估进程），在促进金融创新的同时平衡过度创新的风险。最后，继续推进利率和汇率市场化定价机制。利率、汇率市场化与金融衍生工具的金融创新是相互影响的，市场化进程的加快能够为金融创新提供更好的资本流通市场环境，反过来金融衍生工具的发展也会为市场化提供环境的、产品的和定价技术方面的支持。

（2）加强风险管理意识，培养国际化金融衍生工具人才。发展金融衍生工具实质上是发展避险工具，为此需要加强企业（尤其是管理者）适度使用金融衍生工具进行避险的风险管理意识。实现这一目标的关键是需要将管理者利益与股东财富更好地结合起来，实现风险管理过程中股东财富最大化和管理者效用最大化的双赢[①]。此外，大力培养高水平的金融衍生工具设计人员、研究人员和交易人员对于中国金融衍生工具市场积极健康的发展也是十分重要的。

---

① 雷尔（Lel，2012）、程等（Cheng et al.，2020）等研究发现，管理层与股东之间的代理问题会对金融衍生工具行为及其经济后果产生重要的影响。

第5章 管理者能力、金融衍生工具使用与企业风险

本章基于2008～2019年中国A股非金融上市公司数据，考察了管理者能力、金融衍生工具使用与企业风险之间的相关性。实证研究发现，金融衍生工具使用与企业风险之间呈显著负相关关系，且两者负向关系更少地出现在管理者能力更高的企业，表明管理者能力对金融衍生工具使用与企业风险关系存在负面影响，管理者能力较高企业在金融衍生工具使用上的投机行为更为明显。实证结果支持了"管理者寻租观"假说，有能力的管理者偏好更具风险性的交易活动，以实现自利目的。这些结论在控制内生性问题等稳健性检验后依然成立。

5.1 引　　言

金融衍生工具因为具备规避风险、发现价格和增强市场流动性等功能，成为金融风险管理的重要工具。同时，金融衍生工具也是一把"双刃剑"，其投机行为可能导致恶劣的经济后果，中国已披露多起因金融衍生工具投机而导致企业巨额亏损的事件。2015年国务院政府工作报告中就明确指出"加快发展金融衍生工具市场"和"创新金融监管"的重要性。在此背景下，金融衍生

工具使用问题成为社会各界关注的热点话题。

长期以来，国内外学者关注现金流波动性（Froot et al.，1993；Adam & Fernando，2006；Gilje，2016）[1]、管理者风险偏好（Guay，1999；Carpenter，2000；Knopf et al.，2002；Coles et al.，2006；Gormley et al.，2013；Cheng et al.，2020）[2] 和公司治理[3]（Fauver & Naranjo，2010；Allayannis et al.，2012；Lel，2012）对金融衍生工具使用的影响，然而，这些研究都基于相同的假设，即管理者通常是同质的，在自身技术条件与外部市场条件相同的情况下，企业会有相同的绩效表现，与管理者的决策无关。无疑，这种假设与现实并不相符。以 2009~2015 年中国上市公司为例，高管前三位薪酬逐年增长并保持 19.541% 的年均增幅，而且有16.979% 的上市公司在年内更换了董事长和（或）总经理[4]，高管的职位更迭以及薪酬提升无不反映出企业对高管及高管团队建设的高度重视。

管理者能力是指管理者利用与控制各种企业资源，为企业创

---

① 财务风险管理理论认为，企业使用金融衍生工具进行风险管理的目的是为了减少现金流波动和增加预期现金流，税收、交易成本和财务困境成本的存在使得企业可以运用金融衍生工具进行风险管理来实现股东利益最大化。

② 管理者风险偏好理论认为，由于风险项目所获得收益和损失在管理者和股东之间的非对称分布，管理者往往是风险规避者，金融衍生工具被运用于规避管理者的薪酬风险，管理层薪酬与企业金融衍生工具决策之间存在着密切的关系。尤其是，增加股权薪酬显著提高了管理者财富对股价（Delta）和股票波动性（Vega）的敏感性。Delta 值越高，管理者面临的风险越高，这就促使风险厌恶的管理者过度套期保值（over-hedging），即衍生品头寸超出对冲需要。管理者从保护自身利益出发所进行的风险管理行为不一定会使股东收益。

③ 委托代理理论认为，公司治理结构会对金融衍生工具使用的目的及其经济后果会产生重要影响。公司治理水平越高，管理者越倾向于利用金融衍生工具避免财务困境风险；相反，管理者越倾向于利用金融衍生工具规避薪酬风险。

④ 离职样本剔除了正常职位变更样本，如因退休、任期届满和健康原因离职的样本。

造有效产出的能力（Leverty & Grace，2012）。企业管理者经常面对不确定的环境，这就要求管理者必须利用综合信息做出复杂决策，这一过程会受到管理者经验、价值观等个人特征的影响。不同于证券、保险等其他金融工具，金融衍生工具合约的设计条款更为复杂，金融衍生工具使用会更多地受到管理者对金融衍生工具的认识，以及对相关信息的理解、判断和决策能力的影响（De-Marzo & Duffie，1995；Breeden & Viswanathan，2016；Adam & Fernando，2006）。近年来的实证研究发现，管理者"特征"或"风格"，如年龄（Tufano，1996）、过度自信（Beber & Fabbri，2012）、性别（Croci et al.，2017）和工作经历（John & Sonic，2018），显著影响企业金融衍生工具使用。从研究内容上看，已有研究几乎全部是基于美国企业数据（Bartram，2019）。事实上，与发展中国家相比，美国的企业拥有效率更高的业务流程管理，这意味着，管理者异质性特征可能在包括中国在内的发展中国家的企业决策中会发挥更为重要的作用（Beber & Fabbri，2012）；从研究方法上看，尽管对金融衍生工具使用及其经济后果的影响因素研究从单纯基于传统公司金融学研究到行为金融学研究的演进，但管理者的年龄、性别和从业经历等显性特质因素仍是研究重点。但这些因素仅仅是管理者个体特质的"冰山一角"，管理者的隐性特质如能力、品质、声誉等因素才是影响其认知及其行为的关键（徐宁等，2019）。因此，管理者隐性特质如何影响金融衍生工具使用及其经济后果尚处于起步阶段。

基于中国 A 股非金融企业数据，本书采用德莫里安等（2012）方法测度管理者能力，实证检验了管理者能力、金融衍生工具使用与企业风险之间的相互关系。研究发现，金融衍生工具使用与企业风险之间呈显著负相关关系，且两者负向关系更少地出现在管理者能力更高的企业，表明管理者能力对金融衍生工具使用与企业风险之间存在负面影响。实证结果支持了"管理者寻租观"假说，即有能力的管理者偏好更具风险性的交易活动，以股东利益为代价实现自利目的。这些结论在控制内生性问题等稳健性检验后依然成立。

本章可能的研究贡献在于：第一，丰富了金融衍生工具和企业风险研究。现有对金融衍生工具使用与企业风险关系的影响因素研究主要集中在现金流波动、管理者激励、公司治理等方面。本书基于管理者异质性视角探讨金融衍生工具使用对企业风险作用的发挥条件，为金融衍生工具交易的管理机制构建提供理论依据。第二，拓展了管理者能力研究的范围。已有研究对使用衍生品是否降低企业风险提供了不同的结论（例如 Guay，1999；Hentschel & Kothari，2001；Bartram et al.，2011）①。本书研究表明，金融衍生工具使用对企业风险的影响很大程度上取决于管理者能力。更重要的是，研究结果表明，管理者能力对金融衍生工具使用与企业风险之间的负相关关系会产生负面影响。这意味着，与管理者能力较低的企业相比，管理者能力较高的企业在金融衍生工具使用上的投机行为更为明显。

5.2　制度背景分析

财政部于 2006 年 2 月颁布了新的企业会计准则，其中《企业

---

① 例如，盖伊（1999）和巴特拉姆等（2011）研究发现，企业使用金融衍生工具降低总风险和系统性风险。相反，亨切尔和科塔里（2001）发现，使用金融衍生工具的企业与未使用金融衍生工具的企业在风险上没有明显差异。

会计准则第 22 号——金融工具确认和计量》《企业会计准则第 24 号——套期会计》《企业会计准则第 37 号——金融工具列报》涉及金融衍生工具确认、计量以及披露的规定，明确要求上市公司在对外公布的财务报告中详细披露金融衍生工具的种类、名义本金和公允价值等具体信息。这使金融衍生工具业务所隐含的风险及其对企业财务状况和经营成果的影响能够适当地反映在财务报表中，而在此之前，企业对金融衍生工具信息披露限于表外披露。

要充分了解企业所从事的金融衍生工具业务，的确是一项不小的挑战。其主要原因有三：首先，企业通常会在短期内频繁交易，这可能导致在资产负债表上几乎没有任何头寸余额。其次，在实践中，许多企业会同时使用多种金融衍生工具，包括期货、远期、互换、期权和一些结构性金融衍生工具合约。而这些金融衍生工具的风险状况非常不同。绝大多数企业只合并报告其多种金融衍生工具头寸的总体公允价值，这种合并报告的方式无法充分显示其风险概况。最后，公司对金融衍生工具的自愿披露可能是战略性的，可能导致企业对使用金融衍生工具的意图提供了不充分甚至不真实的解释。金融衍生工具交易活动的复杂性和会计准则的复杂性使得外部利益相关者很难从金融衍生工具交易中识别出非套期保值交易。

尽管在披露质量方面存在这些局限性，但 2006 年后改进的会计和披露监管环境仍旧为金融衍生工具使用的实证检验提供了更"清洁"的环境。

5.3 理论分析与假设提出

金融衍生工具被广泛地运用于对冲影响收入、销售商品成本和各种费用的金融风险，或是在金融市场和商品市场上进行投机。风险管理理论表明，从事风险对冲的公司往往具有较低的现金流波动性和企业风险（例如，Smith & Stulz, 1985; Bessembinder, 1991; Froot et al., 1993; Leland, 1998; Bartram et al., 2011）。由于金融衍生工具交易"极其复杂"的性质（Ryan, 2007），使用金融衍生工具在很大程度上取决于管理者个人特征。管理者在金融衍生工具使用决策中的判断会受到个人偏好、态度或技能的影响，并可能在很大程度上因与公司基本面特征无关的原因而调整其持有的金融衍生工具头寸（Beber & Fabbri, 2012）。例如，亚当和费尔南多（2006）认为，管理者对未来市场风险的判断会深刻影响到金融衍生工具合约的头寸、投资方向和投资时机等决策制定。因而，不同管理者对企业如何使用金融衍生工具有不同的影响。根据"有效契约观"和"管理者寻租观"假说，管理者能力、金融衍生工具使用与企业风险之间的关系可能存在两种不同的结论。

"有效契约观"认为，能力高的管理者会有着较强信息发现能力、资源整合能力和风险控制能力，使得企业能够在获利同时有效地抑制风险扩张。一方面，能力高的管理者更期望降低企业风险，以提高会计盈余作为评价管理者能力的信号传递作用。因为信息不对称，劳动力市场和股东根据企业的业绩来评价管理者能力，这就把管理者能力及其未来薪酬与公司当期的绩效联系在一起。收入和现金流是经营业绩的两个代表性度量，但它们往往会受到汇率、利率等宏观经济因素的影响，且这些宏观经济因素是管理层无法控制的。因此，管理水平较高的管理者更希望对冲掉与宏观经济相关的风险，以便外部投资者对管理者能力的判断不受市场风险因素的影响（DeMarzo & Duffie，1995；Breeden & Viswanathan，2016）。例如，纳姆等（Nam et al.，2008）实证研究发现，较之声誉低的管理者，声誉高的管理者更倾向于从事风险对冲。

另一方面，能力高的管理者能够更好地整合公司信息和市场预期形成可靠的前瞻性估计，实现更加有效的企业资源配置整合和优化，减少了决策过程中的风险。管理者市场预测能力是建立在管理者有能力预测未来收益之上的信息优势（Adam & Fernando，2006）。能力高的管理者拥有较多的社会资源和良好的学习能力，同时具有较高的信息搜集与分析能力，这些个体优势降低了管理者获得私有信息的成本（张敦力和江新锋，2015）。已有研究证实，能力高的管理者能够准确地预测企业未来表现并且能做出更多准确的信息披露（Baik et al.，2011；Andreou et al.，2017）。无疑，管理者对企业未来发展的可靠估计是企业应对复杂多变的国际市场和提升风险处理能力的前提。例如，布朗等（2006）发现，如果企业对其不熟悉的市场风险进行金融衍生工具的套期保值，是难以实现规避风险和提升企业价值目标的。而且，能力高的管理者会密切关注风险投机对公司未来业绩和风险可能造成的负面后果，能够更好地平衡收入增长目标与风险降低目标的偏差（Bonsall et al.，2017）。基于以上分析，提出假设 1a：

假设 1a：在其他条件相同的情况下，管理者能力越高的企业，金融衍生工具使用与企业风险存在更加显著的负相关关系。

　　然而，"管理者寻租观"认为，能力强的管理者因为盈利压力、过度自信而追求更具风险性投资项目以博取风险溢价。一方面，能力高的管理者面对更大业绩压力，可能更加追求更具冒险性的投机行为，以获取短期的投机盈利或者掩盖其他经营失败。这是因为，考虑到高昂的声誉成本，"明星"管理者如果未能达到业绩基准，会面临更大的来自股东和董事会的压力。同时，管理者业绩也是管理者薪酬和职业升迁的重要评价指标。例如，不少公司在管理层股票期权条款中规定，当企业业绩超过同行对标企业时就可行权。这就意味着，只要超越对标企业就意味着有好的业绩和报酬（张敦力、江新锋，2015）。既然高风险往往与高回报联系在一起，这些"明星"管理者就有动机从事风险投机，以期获得额外的风险溢价帮助达到业绩基准。这不乏先例，巴林银行（Barings Bank）的超级明星交易员尼克·李森（Nick Leeson）迫于保持优良业绩的压力，频繁地从事日经指数期货的套利交易，即使在交易失败后仍注入更大的赌注以期弥补前期交易损失，最终因为交易巨亏导致巴林银行破产。

　　另一方面，能力高的管理者往往更加自信和看重个人的职业前景，其"乐观"行为会增加代理成本，影响公司绩效。过度自信的管理者相信自己在价值创造过程中对风险的把控能力，高估利好事件对公司绩效的正面影响和低估利空事件对公司绩效的负面影响（Heaton，2002）。因此，过度自信自然会导致管理者更大的"风险偏好"态度（Beber & Fabbri，2012）。已有经验证据显示，管理层过度自信更易于导致公司投资决策的扭曲（Lin et al.，2005；Malmendier & Tate，2005；Huang et al.，2011），导致价值破坏的并购行为（Malmendier & Tate，2008）。尽管投机行为通常伴随着较高的风险，但对未来盈利持过于乐观态度的管理者认为，他们可以凭借风险承担为股东创造更大价值。例如，在中国航油（新加坡）公司因金融衍生工具交易中承担过多风险而濒临破产的事件中，该公司 CEO 陈久霖在金融衍生工具交易初期，从事套期保值交易来对冲油价波动所带来的大宗商品价格风险。受到交易获利的信心激励，陈久霖转而从事金融衍生工具的投机业务，最终因错误的市场预期导致 5.5 亿美元的巨额损失。综上所述，我们认为，与其他企业相比，在拥有更多较高能力管理者的企业中，投机行为更为明显。

风险管理理论认为，从事风险对冲的公司往往具有较低的现金流波动性和企业风险；投机导致较高的现金流波动，从而提高企业风险。例如，巴特拉姆等（2011）指出，如果金融衍生工具是用来对冲风险，而不是投机，使用金融衍生工具的公司往往有较低的企业总体风险和系统性风险。考虑到较高的声誉成本和过度自信，有能力的管理者不但可能会延迟承认投机损失，甚至试图通过进一步的过度投机达到抵消前期损失的目的，导致企业频繁的业绩波动和风险扩张。总而言之，根据"管理者寻租观"，本书预测管理能力对金融衍生工具的使用和企业风险之间的关系存在负面影响。基于上述推论，提出以下备择假设：

假设 1b：在其他条件相同的情况下，管理者能力越高的企业，金融衍生工具使用与企业风险存在更加显著的正相关关系。

5.4 样本、变量和模型

5.4.1 数据和样本选择

本书选取 2009～2015 年中国上市公司为研究对象，由于相关变量计算要用到滞后期数据，因此实际样本区间为 2008～2019年。样本期间的选取主要有两个原因。首先，计算管理能力变量所需要的关键数据在 2008 年之前无法获得。例如，管理者能力变量计算需要采用上一期（t－1）数据值，而作为管理能力测度的关键指标研发费用数据自 2007 年才开始公布。其次，计算企业风险变量使用连续四年（t＋1，t＋4）的观察值计算（2010～2013，2011～2014，2012～2015，2013～2016，2014～2017，2015～2018，2016～2019）。对样本进行了如下处理：剔除保险金融行业；剔除 ST、PT 样本；剔除数据缺失样本；每个公司若不满足连续四年 ROA 数据，则删除，最终包含 8 214 个公司年度观测样本，其中 1 237 个样本在年度内使用了金融衍生工具。金融衍生工具数据为年报手工收集得出①，海外收入数据来自上海万德信息技术有限公司开发的万德数据库（以下简称 WIND），其他数据来自国泰安数据库（以下简称 CSMAR）。为了剔除极端值的影响，对连续变量进行了上下 1% 的数据截尾处理。

---

① 参考王晓珂、黄世忠（2017）方法，首先通过搜索包括但不限于衍生工具、金融衍生工具、金融衍生工具、套期保值、套保、期货、远期、掉期、互换等关键词，来确定企业是否应用金融衍生工具；其次搜索到对应关键词后，根据该关键词前后文（关键词前后至少 20 个文字字符）判断是否为特定含义。

5.4.2　变量定义

（1）管理者能力（ability）。采用德莫里安等（Dermerjian et al.，2012）方法测度管理者能力，主要基于两个原因。首先，早期研究多选用管理者背景特征（如性别、声誉、任期等）作为衡量指标，但是这些指标仅能反映能力的某一方面，难以完全描述管理者能力[①]；其次，德莫里安等（2012）假定，相对于同行业的竞争对手，有能力的管理者能够获得更高的投入产出效率。由于管理层实现利润最大化目标的最大挑战之一是应对日益增加的经营不确定性和随之而来的风险（Barr & Siems，1997），因此使用德莫里安等（2012）方法评估管理者的风险管理能力是恰当的。借鉴德莫里安等（2012）的研究，采用数据包络分析和 Tobit 模型相结合的两阶段模型测度管理者能力。具体步骤如下：

第一步，基于企业投入—产出结果计算企业全效率（Scores）。如模型（5-1），营业收入（Sale）为唯一的产出变量，固定资产净额（PPE）、商誉（Goodwill）、除商誉外的无形资产（Intangible）、研发支出（R&D）、营业成本（Cogs）、销售与管理费用（SGA）等六个变量作为投入变量，通过数据包络分析法（Data Envelopment Analysi，DEA）分行业计算出企业效率值。其中，营业收入、营业成本、销售与管理费用为当期值，其余变量为上期期值。企业全效率值的取值区间在 0 和 1 之间，且值越接近 1，投

---

① 在金融衍生工具研究的相关文献中，大多使用可观察到的管理者背景特征衡量管理者能力（例如，Tufano，1996；Beber & Fabbri，2012；Croci et al.，2017；John & Sonic，2018）。虽然管理者个人特征能够在较大程度上反映出管理者能力差异。但是，如果与管理者能力相关的管理者异质性特征是不可观察的，就可能出现选择性偏误问题（Baik et al.，2011；Graham et al.，2012）。

入产出效率越高。

$$\text{Scores} = \text{Sale}/(\varphi_1\text{PPE} + \varphi_2\text{Goodwill} + \varphi_3\text{Intangible}$$
$$+ \varphi_4\text{R\&D} + \varphi_5\text{Cogs} + \varphi_6\text{SGA}) \qquad 模型（5-1）$$

第二步，计算管理者能力（Ability）。数据包络分析方法计算得出的企业效率值同时受企业与管理者两个层面的因素影响，运用Tobit模型分行业回归，从企业全效率中分离出管理者的贡献值。如模型（5-2），以企业效率值为被解释变量，以企业规模（Size）、市场份额（Marsh）、自由现金流（Posfcf）、上市年限（Age）、销售集中度（Bsc）和海外收入（Fci）等6个影响企业全效率的企业特征值为解释变量，自变量均为上期期末值。回归同时进行公司维度的聚类处理，所得残差即为管理者能力，残差值越高，代表管理者能力越强。具体变量含义和度量方法详见表5-1。

$$\text{MA} = \alpha_0 + \alpha_1\text{Size} + \alpha_2\text{Marsh} + \alpha_3\text{Posfcf} + \alpha_4\text{Age}$$
$$+ \alpha_5\text{Bsc} + \alpha_6\text{Fci} + \Sigma\text{Year} + \text{Error} \qquad 模型（5-2）$$

表5-1　　　　　　　　　研究变量说明

变量	含义
Scores	企业全效率。参考德莫里安等（2012），采用数据包络分析法计算
Sale	主营业务收入
PPE	固定资产净额
Goodwill	商誉
Intangible	扣除商誉外的无形资产
R&D	研发支出
Cogs	主营业务成本
SGA	管理费用与销售费用之和

续表

变量	含义
MA	管理者能力。基于企业全效率，采用 Tobit 模型分离出管理者的贡献值
Size	企业规模，总资产取自然对数
Marsh	企业营业收入/行业营业收入
Posfcf	哑变量，当公司存在正向现金流量时取值为 1，否则为 0
Age	公司上市年限加 1 后取自然对数
Bsc	基于销售收入的赫芬达尔指数
Fci	哑变量，当公司存在海外收入时取值为 1，否则为 0

（2）企业风险（Risk）。现有文献衡量企业风险主要有以下两种方法：一是基于会计指标的度量方法；二是基于股票市场收益指标的度量方法。本书采用基于会计指标度量方法，其理由如下：首先，金融衍生工具使用对企业风险的影响直接表现为盈利波动和现金流波动（Smith & Stulz，1985；Bodnar et al.，1998；Shao et al.，2019）；其次，基于股票收益波动率来度量中国上市公司风险并不太可靠，因为中国的股票价格存在噪音（Liu et al.，2014；Chen et al.，2020）。因此在国内研究中，采用会计指标计算企业风险应用最为广泛[①]。参考基尼和威廉姆斯（Kini & Williams，2012）方法，使用最近四年的季度 ROA 标准差度量企业风

---

① 以《会计研究》近六年（2015～2020 年）相关文献为例，基于"企业风险"和"风险承担"为关键字共检索到 6 篇文献，共有 5 篇采用会计指标衡量企业风险。另有 2 篇采用股票市场收益指标衡量企业风险，其中曾辉祥等（2018）一文关注市场反应，因此仅采用股票收益率波动性度量；周泽将等（2019）一文同时采用会计指标和股票市场收益指标衡量企业风险。

险（Risk_ROA）①。首先，对每个公司的季度 ROA 进行行业均值调整，以消除经济周期和行业的影响；其次，在横截面回归中，采用如下等式计算盈利波动性：

$$\sigma(\mathrm{Roa}_{i,t}) = \sqrt{\frac{1}{T-1}\sum_{t=1}^{T}\left(\mathrm{Roa}_{i,t} - \frac{1}{T}\sum_{t=1}^{T}\mathrm{Roa}_{i,t}\right)^2 | T} \quad 公式（5-1）$$

类似地，参考蔡等（Choy et al., 2014）方法，采用最近四年经行业均值调整的季度 EBITDA 标准差衡量现金流波动性（Risk_CF）。

（3）金融衍生工具使用。绝大多数国内实证研究将"金融衍生工具使用与否"哑变量作为金融衍生工具使用的替代变量。使用哑变量的局限性在于不能衡量金融衍生工具头寸的数量，这意味着使用金融衍生工具的企业无论持有多少头寸，在实证检验中都是没有区别的，这显然存在偏颇。鉴于此，本书使用"金融衍生工具使用程度"作为衡量指标。借鉴雷尔（2012），王晓珂、黄世忠（2017）的研究，使用金融衍生工具公允价值期末值与总资产的比值以衡量企业是否使用以及在多大程度上使用金融衍生工具。金融衍生工具公允价值来自年报的"流动资产""其他流动资产""其他非流动资产""流动负债""其他流动负债""其他非流动负债"以及"交易性金融资产"和"交易性金融负债"等报表项目的明细数据。

（4）控制变量。借鉴经典文献（例如 Chang et al., 2016），控制变量包括资产负债率（Lev，总负债/总资产）、企业成长性（Growth，主营业务收入增长率）、公司规模（Size，总资产自然对

---

① 考虑到本书样本中高管平均任期为3.57年，因此以四年为一个滚动周期观察高管决策对任期内企业的影响。

数）、上市年限（Age，对上市年限加 1 后取自然对数）、股权集中度（First，第一大股东持股比例）、资产有形性（Tangible，固定资产净值/总资产）、产权性质（Soe，国有和非国有企业分别赋值为 1 和 0）。

5.4.3　模型构建

借鉴现有文献对企业风险的研究，构建 OLS 模型检验假设 1a 和假设 1b：

$$\text{Risk}_{i,t+1} = \alpha_0 + \alpha_1 \text{Der}_{i,t} + \alpha_2 \text{MA}_{i,t} + \alpha_3 \text{MA}_{i,t} \times \text{Der}_{i,t} + \Sigma \text{Control}_{i,t}$$
$$+ \Sigma \text{Year}_t + \Sigma \text{Firm}_t + \text{Error}_{i,t} \qquad 模型（5-3）$$

其中，Risk 为企业风险，分别用 Risk_ROA 和 Risk_CF 衡量，MA 为管理者能力变量，Control 为控制变量，具体变量含义和度量方法详见表 5-2。自变量均滞后一期，以避免选用当期值所可能存在的反向因果问题。模型同时控制了年度和个体固定效应。系数 MA × Der（α_3）反映了管理者能力对金融衍生工具使用与企业风险关系的影响[①]。若假设 1a 成立，系数 α_3 应显著为负，否则，系数 α_3 应显著为正。

表 5-2　　　　　　　　　　　研究变量说明

变量	含义
Risk_ROA	企业风险，最近四年的季度 ROA 标准差
Risk_CF	企业风险，最近四年经行业均值调整的季度 EBITDA 标准差

---

① 参照艾肯和韦斯特（Aiken & West，1994）的做法，将数据进行中心化后再交叉相乘，这种变换不会影响变量之间的相关关系，并可以避免严重的多重共线性问题，可以更有效地研究交互项效应。

变量	含义
Der	金融衍生工具使用，金融衍生工具公允价值期末值与总资产的比值
MA	管理者能力，参照德莫里安等（2012），采用数据包络分析法和 Tobit 模型分阶段计算
Lev	资产负债率，总负债/总资产
Growth	企业成长性，主营业务收入增长率
Size	公司规模，总资产自然对数
Age	上市年限，对上市年限加 1 后取自然对数
First	股权集中度，第一大股东持股比例
Tangible	资产有形性，固定资产净值/总资产
Soe	产权性质，国有和非国有企业分别赋值为 1 和 0

5.5　实　证　结　果

5.5.1　描述性统计

表 5-3 是主要变量的描述性统计结果，Panel A 和 Panel B 分别为全样本和分组样本报告，根据变量 MA 的行业年度中位数划分为管理者能力较高组和较低组两个分组样本。由 Panenl A 可知，Risk_ROA 和 Risk_CF 的均值（中位数）分别为 0.0228（0.0180）和 0.0339（0.0297），说明从样本企业总体看来风险呈正态分布；MA 的均值和中位数分别为 0.0004 和 -0.0294，最大值和最小值分别为 0.9539 和 -0.2539，标准差为 0.1648，表明各个公司管理者能力差别较大。Der 的均值和最大值分别为 0.04% 和

1.69%。Panel B 的单变量检验结果表明，两个分组在金融衍生工具使用和企业风险变量上存在明显差异，管理者能力较高企业在金融衍生工具使用水平和风险总体水平上均普遍高于管理者能力较低企业。由于尚未控制其他变量，因此更详尽的结果需要进一步检验予以证明。

表 5 - 3　　　　　　　　主要变量描述性统计结果

Panel A 全样本

变量	均值	中位数	最大值	最小值	25%	75%	标准差
Risk_ROA	0.0228	0.0180	0.1088	0.0031	0.0115	0.0284	0.0177
Risk_CF	0.0339	0.0297	0.1159	0.0093	0.0215	0.0410	0.0183
Der	0.0004	0	0.0169	0	0	0	0.0020
MA	-0.0004	-0.0294	0.9539	-0.2539	-0.0885	0.0428	0.1648
Lev	0.4744	0.4804	0.8857	0.0589	0.3173	0.6369	0.2049
Size	22.1997	22.0194	25.9911	19.8238	21.3334	22.9036	1.2325
Age	2.2902	2.4849	3.1355	0.6931	1.7918	2.8332	0.6537
Tangible	0.2413	0.2085	0.7333	0.0021	0.1036	0.3481	0.1744
Growth	0.1750	0.0955	3.3052	-0.5424	-0.0408	0.2575	0.4821
Top1	0.3701	0.3544	0.7600	0.0923	0.2445	0.4820	0.1542
Soe	0.5273	1	1	0	0	1	0.4993

Panel B 分组样本：管理者能力较高组（High_MA）和较低组（Low_MA）

变量	High_MA		Low_MA		单变量检验	
	均值	中位数	均值	中位数	均值	中位数
Risk_ROA	0.0235	0.0188	0.0221	0.0172	3.553 ***	4.155 ***
Risk_CF	0.0351	0.0307	0.0327	0.0289	5.889 ***	6.200 ***
Der	0.0004	0.0000	0.0003	0.0000	3.034 ***	3.508 ***
Lev	0.4950	0.4999	0.4540	0.4557	9.100 ***	8.804 ***
Size	22.4481	22.2830	21.9549	21.7740	18.522 ***	19.473 ***

续表

Panel B 分组样本：管理者能力较高组（High_MA）和较低组（Low_MA）

变量	High_MA		Low_MA		单变量检验	
	均值	中位数	均值	中位数	均值	中位数
Age	2.2521	2.4849	2.3277	2.5649	− 5.248 ***	− 6.405 ***
Tangible	0.2361	0.1964	0.2463	0.2197	− 2.664 ***	− 3.905 ***
Growth	0.2945	0.1624	0.0572	0.0383	23.012 ***	26.932 ***
Top1	0.3848	0.3706	0.3556	0.3376	8.5978 ***	8.247 ***
Soe	0.5273	1	0.5272	1	0.014	0.014

注：该表报告全样本（Panel A）和分组样本（Panel B）中主要变量描述性统计结果。均值差异检验和中位数差异检验分别采用 t 检验和 wilcoxon 秩检验。*** 、 ** 、 * 分别表示在 1% 、 5% 和 10% 的水平上显著。

主要变量的皮尔森（Pearson）相关系数和斯皮尔曼（Spearman）相关性系数矩阵如表 5−4 显示。Risk_ROA（Risk_CF）与 Der 在 1% 水平上显著负相关，表明金融衍生工具使用能够降低企业风险水平。与"管理者寻租观"假说一致，管理者能力（Ability）与企业风险（Risk_ROA，Risk_CF）在 1% 水平上显著正相关，表明管理者能力越强，企业风险水平越高。各变量之间相关度均小于 0.6，且 VIF 值均小于 3，说明变量之间不存在严重的多重共线性。

5.5.2 回归结果分析

表 5−5 报告了在控制年度和企业固定效应后，管理者能力、金融衍生工具使用与企业风险之间的相关性。列（1）~（2）和列（3）~（4）分别报告了 Risk_ROA 和 Risk_CF 的回归结果。

表 5-4

皮尔森和斯皮尔曼相关系数矩阵

变量	V1	V2	V3	V4	V5	V6	V7	V8	V9	V10	V11
V1: Risk_ROA		0.839	-0.043	0.067	-0.344	-0.242	-0.074	0.065	0.041	0.010	-0.153
V2: Risk_CF	0.911		-0.030	0.074	-0.271	-0.162	-0.038	0.340	0.052	0.039	-0.087
V3: Der	-0.049	-0.043		0.038	0.091	0.147	-0.057	0.035	0.016	0.047	-0.050
V4: MA	0.068	0.087	0.087		0.119	0.214	-0.049	-0.085	0.350	0.094	-0.012
V5: Lev	-0.169	-0.162	0.057	0.121		0.539	0.308	-0.006	0.058	0.101	0.296
V6: Size	-0.201	-0.149	0.080	0.163	0.489		0.313	-0.005	0.011	0.224	0.338
V7: Age	0.003	0.020	-0.023	-0.007	0.324	0.206		-0.038	-0.102	-0.077	0.387
V8: Tangible	0.056	0.242	-0.032	-0.063	0.049	0.066	0.023		-0.112	0.039	0.124
V9: Growth	0.009	0.026	0.032	0.518	0.069	0.042	-0.009	-0.089		-0.015	-0.050
V10: Top1	-0.014	0.019	0.026	0.118	0.077	0.258	-0.108	0.038	0.027		0.178
V11: Soe	-0.114	-0.084	-0.036	0.007	0.282	0.315	0.385	0.153	-0.033	0.173	

注：该表报告企业风险（Risk_ROA or Risk_CF）、金融衍生工具使用（Der）、管理者能力（MA）和控制变量的相关系数矩阵。皮尔森（斯皮尔曼）相关系数矩阵位于表 5-4 的上（下）对角线，其中黑体部分数值的显著性水平≤5%。

表 5 – 5 　　　　管理者能力、金融衍生工具使用和企业风险

变量	Risk_ROA		Risk_CF	
	（1）	（2）	（3）	（4）
Der	− 0. 3137 ***	− 0. 3125 ***	− 0. 2813 ***	− 0. 2807 ***
	（− 3. 91）	（− 3. 90）	（− 3. 55）	（− 3. 73）
MA		0. 0144 ***		0. 0164 ***
		（5. 60）		（6. 42）
MA × Der		0. 5938 **		0. 6681 **
		（2. 26）		（2. 14）
Lev	− 0. 0054 **	− 0. 0061 **	− 0. 0090 ***	− 0. 0097 ***
	（− 2. 23）	（− 2. 51）	（− 3. 66）	（− 4. 00）
Size	− 0. 0024 ***	− 0. 0026 ***	− 0. 0015 ***	− 0. 0018 ***
	（− 5. 93）	（− 6. 48）	（− 3. 72）	（− 4. 37）
Age	0. 0033 ***	0. 0033 ***	0. 0042 ***	0. 0043 ***
	（5. 28）	（5. 42）	（6. 57）	（6. 74）
Tangible	0. 0046 *	− 0. 0054 **	0. 0235 ***	0. 0243 ***
	（1. 85）	（− 2. 22）	（9. 70）	（10. 20）
Growth	0. 0010 **	0. 0015 **	0. 0020 ***	− 0. 0009
	（2. 10）	（2. 23）	（4. 00）	（− 1. 29）
Top1	0. 0067 ***	0. 0055 **	0. 0090 ***	0. 0077 ***
	（2. 97）	（2. 48）	（3. 78）	（3. 24）
Soe	− 0. 0033 ***	− 0. 0032 ***	− 0. 0048 ***	− 0. 0048 ***
	（− 4. 06）	（− 4. 05）	（− 5. 86）	（− 5. 86）
Intercept	0. 0786 ***	0. 0845 ***	0. 0646 ***	0. 0713 ***
	（8. 48）	（9. 05）	（6. 92）	（7. 59）
年度固定效应	Yes	Yes	Yes	Yes
公司固定效应	Yes	Yes	Yes	Yes
N	8 214	8 214	8 214	8 214
adj. R²	0. 089	0. 101	0. 143	0. 157

注：*** 、** 和 * 分别表示在 1% 、5% 和 10% 的水平上显著，并使用 Cluster 稳健标准误，括号内为 t 值。

采用层级回归法考察交互项 MA × Der 是否显著异于零。首先，模型（5-3）未加入管理者能力及其交互项进行回归，其结果如列（1）和（3）所示。金融衍生工具使用与企业风险的回归系数在 1% 水平上显著为负，表明金融衍生工具使用能够显著降低企业风险水平，套期保值应该是上市公司使用金融衍生工具的主要目的。其次，模型（5-3）的回归结果如列（2）和（4）所示，MA 的回归系数在 1% 水平上显著为正，表明管理者能力的提升会增加企业风险水平，MA × Der 的回归系数 α_3 均在 5% 水平上显著为正，说明金融衍生工具使用与企业风险的负向关系更少地出现在拥有更高管理者能力水平的企业，支持假设 1b 的推论。

为进一步理解管理者能力效应，我们对模型（5-3）求金融衍生工具关于企业风险的一阶偏导，可得：$\dfrac{\partial \mathrm{Risk}_{i,t}}{\partial \mathrm{Der}_{i,t}} = \alpha_1 + \alpha_3 \mathrm{MA}_{i,t}$，由该式可知，金融衍生工具对企业风险的影响取决于回归系数 α_1，α_3 以及 MA 的取值。以回归结果列（2）为例，系数 α_1 和 α_3 分别为 -0.3125 和 0.5938，且 MA 的取值范围落在 [-0.2539，0.9539] 区间。显然，MA 的取值大小决定了金融衍生工具对企业风险的净影响是正向的、负向的或是无关，且阈值为 0.5263（=0.3125/0.5938）。即：当 MA < 0.5263，金融衍生工具使用与企业风险之间负相关；当 MA > 0.5263，金融衍生工具使用与企业风险之间正相关。已有研究对使用衍生品是否降低企业风险提供了不同的结论（例如，Guay，1999；Hentschel & Kothari，2001；Bartram et al.，2011），本书研究结果表明，使用金融衍生工具对企业风险的影响很大程度上取决于管理者能力，金融衍生工具与企业风险负相关关系更多出现在管理者能力较低的企业。

值得注意的是，实证结论与"有效契约观"并不一致，本书将其归因于管理者为实现自利目的，从而产生风险投机行为。更为重要的是，金融衍生工具交易活动的复杂性和会计准则的复杂性增加了管理者寻租的动机和空间（Choi et al.，2015；王晓珂、黄世忠，2017），这在一定程度上促使其更多地利用金融衍生工具去从事风险投机活动。

5.6 稳健性检验

5.6.1 变量替代

管理者能力指标是本书研究的关键变量。参考罗基戈帕等（Rajgopal et al.，2006）和鲍伊克等（Baik et al.，2011）的方法，使用过去三年经行业调整的 ROA 均值（IndAdjROA）作为管理者能力的替代变量。表 5 - 6 是管理者能力替代变量的回归结果，因变量 Risk_ROA 和 Risk_CF 的回归结果均显示，管理者能力（IndAdjROA）及其交互项（IndAdjROA × Der）的回归系数均显著为正，回归结果支持了假设 1b。

表 5 - 6 　　　　　　　　稳健性检验——变量替代

变量	Risk_ROA	Risk_CF
Der	- 0. 0560 **	- 0. 0466 ***
	（ - 2. 44）	（ - 3. 84）
IndAdjROA	0. 0794 ***	0. 1389 ***
	（6. 29）	（18. 52）

续表

变量	Risk_ROA	Risk_CF
IndAdjROA × Der	4.7632 **	3.3440 *
	(2.23)	(1.96)
Lev	0.0042 *	0.00726 ***
	(1.75)	(4.86)
Size	− 0.0033 ***	− 0.00303 ***
	(− 8.64)	(− 14.17)
Age	0.0036 ***	0.0046 ***
	(5.41)	(12.27)
Tangible	0.0082 ***	0.0292 ***
	(3.25)	(20.67)
Growth	0.0008 *	0.0016 ***
	(1.66)	(3.17)
Top1	0.0052 **	0.0067 ***
	(2.37)	(5.28)
Soe	− 0.0026 ***	− 0.0036 ***
	(− 3.27)	(− 8.35)
Intercept	0.0903 ***	0.0841 ***
	(10.20)	(17.45)
控制变量	控制	控制
固定效应	控制	控制
N	7 927	7 927
adj. R^2	0.112	0.211

注：*** 、** 和 * 分别表示在 1%、5% 和 10% 的水平上显著，并使用 Cluster 稳健标准误，括号内为 t 值。

5.6.2　分组回归检验

依据管理者能力对企业风险进行分组检验，比较两组回归结果的系数是否有显著差异以检验不同管理者能力水平的影响。在表 5 – 7 中，将管理者能力按照"低""中"与"高"进行三分位分组，选取上三分位数组和下三分位数组分别构成管理者能力较高组（High_MA）和较低组（Low_MA）样本，表 5 – 7 是因变量 Risk_ROA 和 Risk_CF 的分组回归结果。在各列中，Der 的回归系数均为负，但仅在管理者能力较低组显著。对比各分组回归系数是否存在差异，Suest 检验结果显示，Der 变量回归系数组间检验均在 1% 水平上有显著差异，说明金融衍生工具对企业风险的作用会受到管理者能力的影响，即金融衍生工具与企业风险之间的负相关关系仅显著存在于管理者能力较低的企业，管理者能力较高的企业没有明显通过金融衍生工具使用达到降低企业风险的作用。证实前文结论的稳健性。

表 5 – 7　　　　　　　　稳健性检验——分组回归

变量	Risk_ROA		Risk_CF	
	High_MA	Low_MA	High_MA	Low_MA
Der	− 0.0694	− 0.3783 ***	− 0.1150	− 0.3955 ***
	(− 0.41)	(− 3.71)	(− 0.62)	(− 4.01)
Lev	0.0030	0.0021	0.0064	− 0.0010
	(0.55)	(0.63)	(1.11)	(− 0.30)
Size	− 0.0036 *	− 0.0026 ***	− 0.0047 ***	− 0.0015 ***
	(− 1.96)	(− 4.76)	(− 2.66)	(− 2.73)
Age	− 0.0006	0.0031 ***	− 0.0012	0.0038 ***
	(− 0.15)	(3.40)	(− 0.33)	(4.02)
Tangible	0.0087 *	0.0072 **	0.0180 ***	0.0229 ***
	(1.66)	(2.21)	(3.20)	(7.24)

续表

变量	Risk_ROA		Risk_CF	
	High_MA	Low_MA	High_MA	Low_MA
Growth	0.0009	−0.0028 **	0.0015 *	−0.0009
	(1.09)	(−2.05)	(1.81)	(−0.68)
Top1	−0.0044	−0.0006	−0.0017	0.0033
	(−0.45)	(−0.17)	(−0.17)	(0.92)
Soe	−0.0031	−0.0035 ***	−0.0022	−0.0051 ***
	(−0.71)	(−3.13)	(−0.48)	(−4.54)
Intercept	0.1039 ***	0.0790 ***	0.1376 ***	0.0595 ***
	(2.62)	(6.33)	(3.51)	(4.85)
控制变量	Yes	Yes	Yes	Yes
固定效应	Yes	Yes	Yes	Yes
Suest	Chi2(1) = 7.89 ***		Chi(2) = 7.73 **	
N	2 702	2 780	2 702	2 780
adj. R^2	0.127	0.078	0.158	0.109

注：***、** 和 * 分别表示在 1%、5% 和 10% 的水平上显著，并使用 Cluster 稳健标准误，括号内为 t 值。

5.6.3　解决内生性问题

本书采用 PSM 倾向得分匹配模型和 Heckman（1979）两阶段模型对内生性问题进行控制。

（1）PSM 倾向得分匹配模型。对于本书的基本实证检验模型，一个主要的疑虑是管理者能力水平的分布方式是内生的。即能力较高的管理者往往更多地受雇管理风险较高的企业。因此，这一样本的自选择性偏差可能导致 OLS 回归结果是不太可靠的。参照已有相关研究（Custo'dio et al.，2013；Cheung et al.，2017），本书采用倾向得分匹配（Propensity Score Matching，PSM）解决这一问题。首先构造公司管理者能力水平的影响因素模型（5-4），根据该 Logistic 回归估计后的倾向打分配对，并在配对样本的基础上进行模型（5-3）检验。

$$\ln(\text{MA\_Dmy}_{i,t}) = \gamma_0 + \gamma_1 \times \text{Lev}_{i,t-1} + \gamma_2 \times \text{Size}_{i,t-1} + \gamma_3 \times \text{BM}_{i,t-1}$$
$$+ \gamma_4 \text{HHI}_{i,t-1} + \gamma_5 \text{Innovation}_{i,t-1}$$
$$+ \Sigma\text{Firm}_{i,t} + \Sigma\text{Year}_{i,t} + \text{Error}_{i,t} \qquad 模型（5-4）$$

在模型（5-4）中，哑变量 MA_Dmy 为被解释变量，若样本企业 MA 变量值大于该变量的行业年度中位数值，则取值为 1，否则为 0。自变量由一组影响企业管理者聘用的变量构成，包括资产负债率（Lev）、账面市值比（BM）、基于销售收入的赫芬达尔指数（HHI）和企业规模（Size）。此外，考虑到位于创新能力较强省份或地区的企业更可能聘用有能力的管理者以实现创新战略（Wang et al.，2017）。因此，自变量还包括中国区域创新环境指数（Innovation）。模型控制了年度和公司固定效应。

Logistic 回归的 likelihood ratio 和 LR Chi-square 分别为 -4 187.37 和 629.02，且均在 1% 水平上显著，说明模型拟合度较好。根据 Logistic 回归计算出 PS 值，而后采用一对一不放入的匹配方法，在 0.01 的半径内进行配对。按照上述配对方式，最终筛选出 4 682 个年度样本，包括 2 341 个实验组样本（MA_Dmy = 1）和 2 341 个控制组样本（MA_Dmy = 0）。为确保匹配结果的有效性，即匹配后各变量在实验组和控制组的分布是否变得均衡，对匹配结果进行平衡性检验（Balancing Test）和 Hotelling's T^2 检验。表 5-8 中平衡性检验的结果显示，进行倾向得分匹配后，匹配变量均值差异检验和中位数差异检验的结果表明每一个匹配变量在实验组和控制组之间的差异均不显著。Hotelling's T^2 检验考察所有匹配变量在两组之间的差异是否联合显著，结果显示 F 统计量均不显著，这说明我们无法拒绝所有匹配变量的均值在实验组和控制组之间都相同的原假设。平衡性检验和 Hotelling's T^2 检验的结果证明倾向得分匹配是有效的。

表 5 - 8　　　　　　　　　　配对样本的平衡性检验

变量	均值		中位数		单变量检验	
	实验组	控制组	实验组	控制组	均值	中位数
BM	0.6389	0.6434	0.6498	0.6538	- 0.689	- 0.688
Size	21.9975	22.0252	21.8774	21.8429	0.823	0.046
Lev	0.4646	0.4690	0.4650	0.4791	- 0.748	- 0.831
HHI	0.7650	0.7660	0.8526	0.8450	- 0.143	- 0.355
Innovation	35.0984	35.1415	34.7600	34.4100	- 0.146	0.214
Hotelling's T^2	0.959					

注：均值检验和中位数检验分别报告 t 值和 Z 值，Hotelling's T^2 报告 F 值。

基于 PSM 配对样本，重新对本书的模型（5 - 3）进行了回归。回归结果如表 5 - 9 所示，交乘项 MA × Der 依然显著为正，表明相对于管理者能力较低企业，管理者能力较高企业使用金融衍生工具会增加企业风险，这与本书的研究假说和主检验的结果是一致的。

表 5 - 9　　　　　　　　　　配对样本回归结果

变量	Risk_ROA	Risk_CF
Der	- 0.2730 ***	- 0.2363 ***
	(- 2.99)	(- 2.96)

续表

变量	Risk_ROA	Risk_CF
MA	0.0125 ***	0.0155 ***
	(4.49)	(5.44)
MA × Der	0.6077 **	0.7374 **
	(2.11)	(2.22)
Lev	−0.0044	−0.0084 ***
	(−1.56)	(−3.01)
Size	−0.0029 ***	−0.0022 ***
	(−6.29)	(−4.69)
Age	0.0035 ***	0.0044 ***
	(4.74)	(5.83)
Tangible	0.0059 **	0.0247 ***
	(2.17)	(9.32)
Growth	−0.0007	−0.0003
	(−0.86)	(−0.34)
Top1	0.0060 **	0.0087 ***
	(2.30)	(3.15)
Soe	−0.0037 ***	−0.0055 ***
	(−4.00)	(−5.78)
Intercept	0.0962 ***	0.0844 ***
	(8.30)	(7.46)
固定效应	控制	控制
N	4 682	4 682
adj. R^2	0.104	0.160

注：***、** 和 * 分别表示在 1%、5% 和 10% 的水平上显著，并使用 Cluster 稳健标准误，括号内为 t 值。

（2）Heckman（1979）两阶段回归。进一步采用两阶段回归

法来克服是否存在因遗漏变量而引起的内生性问题。参考张等
（Cheung et al.，2017），首先，在第一阶段的模型估计企业对管
理者能力选择的 Probit 模型，该模型同模型（5 - 4），即以 MA_
Dmy 为因变量，自变量包括企业规模、资产负债率、账面值市值
比、基于销售收入的赫芬达尔指数以及中国区域创新环境指数，
计算得到逆米尔斯比率（Inverse Mills Ratio，IMR）并作为偏差调
整项放入第二阶段回归中；在第二阶段，对加入 IMR 变量的模型
（5 - 3）进行回归。

表 5 - 10 分别报告了第一阶段和第二阶段的回归结果。第一
阶段中，Probit 模型的 Likelihood ratio 为 6 196.04，且绝大部分自
变量与 MA_Dmy 均显著相关。IMR 系数在 5% 水平上显著负相关，
这表明存在选择偏差，本书应用 Heckman 模型较好地处理了内生
性问题。第二阶段回归结果显示，交乘项 MA × Der 的系数仍在
1% 水平上显著为正，证实了结论的稳健性。

表 5 - 10　　　　　　　　　　Heckman 两阶段回归

变量	第一阶段	第二阶段	
		Risk_ROA	Risk_CF
Der		- 0. 449 ***	- 0. 380 ***
		（ - 3. 11）	（ - 2. 72）
MA		0. 020 ***	0. 023 ***
		（6. 61）	（7. 30）
Der × MA		1. 653 ***	1. 571 ***
		（3. 13）	（2. 63）
Lev	0. 620 ***	- 0. 002	- 0. 008 ***
	（7. 26）	（ - 0. 85）	（ - 2. 84）

续表

变量	第一阶段	第二阶段	
		Risk_ROA	Risk_CF
Size	0.063 ***	− 0.008 ***	− 0.006 ***
	(4.15)	(− 8.50)	(− 6.47)
Age		0.010 ***	0.011 ***
		(5.12)	(5.98)
Tangible		0.004	0.022 ***
		(1.47)	(8.74)
Growth		− 0.002 **	− 0.001
		(− 1.98)	(− 0.90)
Top1		0.001	0.003
		(0.20)	(1.27)
Soe		− 0.004 ***	− 0.005 ***
		(− 4.58)	(− 6.01)
BM	− 0.155 ***		
	(− 7.07)		
HHI	− 0.343 ***		
	(− 5.86)		
Innovation	− 0.002		
	(− 1.60)		
Intercept	− 1.302 ***	0.105 ***	0.095 ***
	(− 3.87)	(10.28)	(9.39)
固定效应	Yes	Yes	Yes
N	9 062	9 080	9 080
Likelihood ratio	6 196.042		
Lambda		− 0.022 **	− 0.006 **
adj. R^2		0.091	0.118

注：***、** 和 * 分别表示在 1%、5% 和 10% 的水平上显著，并使用 Cluster 稳健标准误，括号内为 t 值。

5.7　进一步检验

5.7.1　管理者能力的再检验：基于管理者背景特征视角

高层梯队理论指出，企业决策的差异与管理者异质性密切相关，年龄、性别、职业背景、国际化经验等可以反映高管个体的认知基础、价值观等，这些特征会影响管理者对于信息以及情境的理解，从而影响企业的战略制定（Hambrick & Mason，1984）。因此，本书进一步考察不同管理者背景特征下，管理者能力对金融衍生工具使用与企业风险关系是否存在差异。基于经典文献，我们将关注年龄、性别和职业背景等高管背景特征的影响。

1. 理论分析

年龄差异使得管理者存在不同的职业风险感受，并且导致其在生理、心理以及职业动机等方面有所区别，进而影响管理者风险承担（Jenter & Lewellen，2015）。学术研究对此有两种解释：第一类观点认为管理者风险偏好促使年长者更多地从事风险管理活动。伯特兰和穆莱纳桑（Bertrand & Mullainathan，2003）指出，年长的管理者更加厌恶风险并期望降低企业风险，往往会将风险承担视为需要投入更多管理精力甚至可能导致投资预算削减、裁员和业绩波动等负面经济后果的财务决策。中国经验证据大多表明年长高管的风险承担水平明显低于年轻者（吕文栋等，2015）。第二类观点认为保守偏好使得年长的管理者更少地使用金融创新工具进行风险管理。普伦德加斯特和斯图尔（Prendergast & Stole，

1996）指出，年长的管理者更愿意遵循既有经验或行业惯例以规避职业冒险，战略决策更加保守。图法诺（1996）调查发现，虽然年长的管理者更期望降低企业风险，但是他们普遍不愿意使用金融衍生工具等复杂的创新性金融工具来管理风险，更加偏好传统的风险管理手段，如保险和投资组合。在这些管理者眼中，金融衍生工具是危险的"双刃剑"，衍生品交易经验的匮乏和市场风险的误判都有可能导致无法实现规避风险的目的，甚至会因为金融衍生工具的杠杆效应而放大风险和导致巨亏[①]。相比较而言，年轻的管理者拥有更具多元化的知识结构和更为积极的经营理念，更愿意尝试创新的管理模式和工具（张兆国等，2013）。而且，年轻的管理者渴望获取事业成功，以实现个人声誉、薪酬以及职位的提升，故而希望通过套期保值对冲掉与宏观经济相关的风险，以便外部投资者对管理者能力的识别不受系统性风险因素的影响[②]。这些都会促使年轻管理者更加积极从事套期保值活动。

心理学理论认为不同性别管理者的行为存在差别，男性更容易表现出过度自信和倾向于冒险的决策行为，而女性往往自信程度更低，会更偏好于谨慎和风险规避的财务策略（Charness & Gneezy，2012）。这可能是受到传统社会文化的影响，男性被认为

---

① 据国资委统计，截止到 2008 年 10 月底，中国有 68 家央企因金融衍生工具业务导致浮亏 114 亿元，其中，中国国航、东方航空、中国远洋等上市公司使用金融衍生金融品所导致的浮亏让人触目惊心。"金融衍生工具是大规模杀伤性武器"，巴菲特这个观点也代表了一部分投资人、债权人、企业高管和监管者的看法。

② 达马索和沃哈尔（1995）、布里登和维斯瓦纳坦（2016）认为，因为存在信息不对称，劳动力市场和股东通过观察公司的经营状况来获知管理者的质量，这就把管理者能力以及未来的薪酬与公司当期的业绩联系在一起。收入和现金流是评价经营业绩的两个代表性指标，但它们作为传递管理层能力的信号往往会受到汇率、利率等宏观经济因素的影响，这些宏观经济因素是管理者无法控制的。因此，管理者希望运用套期保值来对冲掉与宏观经济相关的系统性风险，以便外部投资者对管理者能力的识别不受这些风险因素的影响。

应该承担更多的风险（Huang & Kisgen，2012）。法乔等（Faccio et al.，2016）发现，女性 CEO 更愿意接受风险较小的筹资和投资项目，当女性取代男性担任 CEO 后，企业的风险承担水平显著下降。祝继高等（2012）和吕文栋等（2015）也都发现中国企业中男性高管的风险承担水平显著高于女性高管。风险对冲目的是规避和转移与基础资产价格相关的风险，而非以承担风险为代价来博取风险溢价收益，可见，较之男性管理者，女性管理者追求谨慎和风险规避的性格特点会驱使其从事风险对冲而非投机活动。

　　管理者的职业背景蕴含着丰富且复杂的信息。首先，管理者职业背景影响管理者风险偏好。约翰和索尼克（2018）指出，具有金融工作经历的管理者风险容忍度更低，表现为更低的企业风险承担水平和更大程度地风险管理活动。其次，管理者职业背景影响企业风险管理行为。一方面，财务和金融职业背景有助于管理者更为了解企业和行业的风险特征，从而更加可靠地预估风险并充分整合内外部信息以制定风险应对策略；另一方面，相关背景有助于管理者更为了解金融衍生工具的风险收益结构特征，正确地评估衍生品的价值和合理地安排金融衍生工具交易，从而更好地对冲风险和避免因衍生品合约错配导致投机套利的发生。金融衍生工具是建立在基础资产或负债之上，其价格与基础产品的价格或者数量变动息息相关。较之证券、保险等其他金融工具，金融衍生工具合约的设计条款更为复杂。随着金融创新步伐的加快，金融衍生工具的交易量越来越大，种类愈加复杂多样。金融衍生工具成为经济复杂性程度最高的金融产品之一（Ryan，2007）。管理者对衍生品知识的掌握和对未来市场风险的判断会深刻影响到金融衍生工具合约的头寸、投资方向和投资时机等决策制定。本书预期，拥有财金背景的管理者能够更好利用金融衍生工具对冲风险的特点。

基于管理者特征变量的分组，利用模型（5-3）来检验上述推论。其中管理者特征变量分别包括 Age、Gender 和 Prfs。Age 是年龄变量，使用 CEO 当前的实际年龄衡量；Gender 是性别虚拟变量，如果 CEO 为女性记为 1，否则记为 0；Prfs 是职业背景虚拟变量，如果 CEO 当前或曾经的工作与财务或金融职位有关记为 1，否则记为 0。在分组设置上，对于连续变量 Age，如果样本企业 CEO 年龄大于 Age 中位数值，则划分为年龄较大组，否则为年龄较低组。最后，采用 Suest 方法检验两组间管理者能力的作用系数是否存在差异。

2. 实证结果与分析

采用模型（5-3）对 7 449 个公司年度观测值进行分组回归，以检验管理者背景特征如何影响管理者能力作用，具体结果如表 5-11、表 5-12、表 5-13 所示。表 5-11 的年龄分组结果显示，MA 系数均在 1% 水平上显著为正，MA×Der 系数仅在年龄较低组显著为正，表明随着年龄的增长，如何确保职业安全对于管理者做出金融衍生工具决策有着更为明显地影响，而实现个人声誉、薪酬以及职位的提升并没有对金融衍生工具的套期保值决策产生积极影响。表 5-12 的性别分组结果显示，MA 系数均为正，且在男性分组中更加显著，MA×Der 系数仅在男性分组中显著为正，这表明，相对于风险偏好型的管理者，风险回避型的管理者在金融衍生工具使用中会更多地从事套期保值。表 5-13 的职业背景分组结果显示，MA 系数均为正，且在不具有财金从业背景的分组更加显著，MA×Der 系数仅在该组中显著为正，这表明专业背景有助于发挥金融衍生工具的风险对冲功能。Suest 检验结果表

明，两组间 MA × Der 系数存在显著的差异，总之，表 5 - 11、表
5 - 12、表 5 - 13 的回归结果表明，无论是经济意义还是统计意
义，管理者背景特征对管理者能力的作用会产生明显影响。

表 5 - 11　　　　年龄特征对管理者能力作用的影响

变量	Risk_ROA		Risk_CF	
	年龄较低	年龄较高	年龄较低	年龄较高
Der	- 0.2756 ***	- 0.2447 **	- 0.2304 ***	- 0.2334 **
	(- 3.41)	(- 2.31)	(- 2.67)	(- 2.34)
MA	0.0121 ***	0.0181 ***	0.0150 ***	0.0199 ***
	(3.93)	(4.07)	(4.66)	(4.68)
Der × MA	0.4803 *	0.1918	0.6472 *	0.1958
	(- 1.71)	(0.29)	(1.94)	(0.23)
Lev	- 0.0070 **	- 0.0109 ***	- 0.0104 ***	- 0.0136 ***
	(- 2.34)	(- 3.33)	(- 3.53)	(- 3.99)
Size	- 0.0029 ***	- 0.0017 ***	- 0.0023 ***	- 0.0008
	(- 5.50)	(- 3.44)	(- 4.34)	(- 1.58)
Age	0.0029 ***	0.0042 ***	0.0039 ***	0.0051 ***
	(3.92)	(5.36)	(5.09)	(6.23)
Tangible	0.0020	0.0069 **	0.0215 ***	0.0261 ***
	(0.64)	(2.28)	(7.27)	(8.45)
Growth	- 0.0007	- 0.0014	0.00003	- 0.000216
	(- 0.74)	(- 1.07)	(0.03)	(- 0.17)
Top1	0.0046 *	0.0059 *	0.0069 **	0.0080 **
	(1.70)	(1.91)	(2.36)	(2.48)
Soe	- 0.0024 **	- 0.0041 ***	- 0.0041 ***	- 0.0055 ***
	(- 2.52)	(- 3.88)	(- 4.05)	(- 5.09)

续表

变量	Risk_ROA		Risk_CF	
	年龄较低	年龄较高	年龄较低	年龄较高
Intercept	0.0923 ***	0.0637 ***	0.0833 ***	0.0485 ***
	（8.43）	（5.35）	（7.57）	（3.94）
固定效应	控制	控制	控制	控制
Suest（MA）	1.36		0.82	
Suest（Der×MA）	0.17		5.31 **	
N	4 051	3 398	4 051	3 398
adj. R²	0.097	0.110	0.150	0.173

注：***、** 和 * 分别表示在 1%、5% 和 10% 的水平上显著并使用 Cluster 稳健标准误，括号内为 t 值。

表 5 - 12　　　　性别特征对管理者能力作用的影响

变量	Risk_ROA		Risk_CF	
	女性	男性	女性	男性
Der	0.2835	- 0.2858 ***	0.6601	- 0.2765 ***
	（0.64）	（- 3.99）	（1.33）	（- 4.26）
MA	0.0163	0.0140 ***	0.0254 **	0.0162 ***
	（1.62）	（5.12）	（2.45）	（5.85）
Der×MA	1.8645	0.4545 **	2.5977	0.4949 ***
	（1.47）	（2.74）	（1.48）	（2.94）
Lev	- 0.0175 *	- 0.0082 ***	- 0.0137	- 0.0118 ***
	（- 1.86）	（- 3.37）	（- 1.43）	（- 4.75）
Size	- 0.0026	- 0.0023 ***	- 0.0025	- 0.0015 ***
	（- 1.46）	（- 5.87）	（- 1.41）	（- 3.75）
Age	0.0081 ***	0.0031 ***	0.0095 ***	0.0040 ***
	（3.09）	（5.36）	（3.69）	（6.62）

续表

变量	Risk_ROA		Risk_CF	
	女性	男性	女性	男性
Tangible	0.0030	0.0045 *	0.0157 *	0.0244 ***
	(0.29)	(1.88)	(1.94)	(9.98)
Growth	0.00001	−0.0011	−0.0002	−0.0002
	(0.00)	(−1.49)	(−0.11)	(−0.21)
Top1	0.0100	0.0049 **	0.0096	0.00708 ***
	(1.07)	(2.19)	(1.04)	(2.92)
Soe	−0.0032	−0.0029 ***	−0.0054 **	−0.0044 ***
	(−1.12)	(−3.70)	(−1.98)	(−5.38)
Intercept	0.0690 **	0.0793 ***	0.0682 **	0.0665 ***
	(2.06)	(8.77)	(1.99)	(7.20)
Suest（MA）	0.05		0.82	
Suest（Der × MA）	3.25 *		5.31 **	
固定效应	控制	控制	控制	控制
N	482	6 967	482	6 967
adj. R^2	0.149	0.100	0.200	0.159

注：***、** 和 * 分别表示在1%、5%和10%的水平上显著并使用 Cluster 稳健标准误，括号内为 t 值。

表 5 – 13　　职业背景特征对管理者能力作用的影响

变量	Risk_ROA		Risk_CF	
	财金背景	无财金背景	财金背景	无财金背景
Der	−0.3270 *	−0.2535 ***	−0.3411 **	−0.2223 ***
	(−1.86)	(−3.40)	(−2.20)	(−3.16)
MA	0.0048	0.0165 ***	0.0105 **	0.0182 ***
	(1.01)	(5.46)	(2.09)	(5.93)

续表

变量	Risk_ROA		Risk_CF	
	财金背景	无财金背景	财金背景	无财金背景
Der × MA	0.0050	0.6946 **	0.2771	0.7195 **
	(0.01)	(2.41)	(0.57)	(2.12)
Lev	−0.0058	−0.0091 ***	−0.0095 *	−0.0123 ***
	(−1.04)	(−3.72)	(−1.66)	(−4.99)
Size	−0.0036 ***	−0.0020 ***	−0.0030 ***	−0.0013 ***
	(−3.89)	(−5.08)	(−3.05)	(−3.12)
Age	0.0055 ***	0.0029 ***	0.0062 ***	0.0039 ***
	(4.14)	(4.59)	(4.48)	(5.89)
Tangible	0.0015	0.0050 *	0.0197 ***	0.0252 ***
	(0.32)	(1.95)	(4.21)	(9.70)
Growth	0.0008	−0.0015 *	0.0012	−0.0004
	(0.49)	(−1.87)	(0.70)	(−0.55)
Top1	0.0155 ***	0.0032	0.0196 ***	0.0048 *
	(3.50)	(1.33)	(4.16)	(1.85)
Soe	−0.0055 ***	−0.0024 ***	−0.0056 ***	−0.0042 ***
	(−3.34)	(−2.87)	(−3.18)	(−4.81)
Intercept	0.1021 ***	0.0731 ***	0.0964 ***	0.0599 ***
	(5.03)	(8.00)	(4.62)	(6.52)
Suest	2.12		0.82	
	4.70 **		5.31 **	
固定效应	控制	控制	控制	控制
N	1 254	6 194	1 254	6 194
adj. R²	0.143	0.096	0.194	0.155

注：*** 、** 和 * 分别表示在 1%、5% 和 10% 的水平上显著并使用 Cluster 稳健标准误，括号内为 t 值。

5.7.2　管理者自由裁量权对管理者能力作用的影响

管理者对于决策的影响程度取决于其自由裁量权的大小（Hambrick & Mason，1984），管理者自由裁量权越大，管理者个人特征越能反映在战略决策中（Ge et al.，2011；Hambrick & Quigley，2014；Cheung et al.，2017）。这意味着，自由裁量权成为管理者能力影响企业业绩的作用条件（Hambrick & Finkelstein，1987；Hambrick，2007；Agarwal et al.，2011）。此外，关于管理者能力缺陷（"the dark side" of managerial ability）的文献研究表明，有能力的管理者会利用自由裁量权来最大化寻租行为（Mishra，2014；Tian，2014），譬如产生高风险的企业决策选择（Smith & Stulz，1985；Hagelin et al.，2007）。由于管理者与股东之间存在信息不对称和代理问题，金融衍生工具可能会不恰当地甚至是欺诈性地运用于投机，从而导致公司业绩的损失（例如，Smith & Stulz，1985；Hagelin et al.，2007）。我们预期，这样的后果更加可能存在于拥有较高管理者自由裁量权的企业。因此，我们进一步研究了信息不对称和代理问题对管理者能力作用的影响，其结果报告于表 5 – 14。

表 5 – 14　　　　　　　　管理者自由裁量权的检验

Panel A：股权集中度对管理者能力作用的影响

变量	Risk_ROA		Risk_CF	
	股权分散	股权集中	股权分散	股权集中
Der	– 0. 2988 ***	– 0. 3221 **	– 0. 2929 **	– 0. 2645 ***
	（– 3. 63）	（– 2. 01）	（– 2. 13）	（– 3. 70）

续表

Panel A：股权集中度对管理者能力作用的影响

变量	Risk_ROA		Risk_CF	
	股权分散	股权集中	股权分散	股权集中
MA	0.0120 ***	0.0244 ***	0.0263 ***	0.0141 ***
	(4.56)	(5.23)	(5.58)	(5.40)
MA × Der	2.3565 **	0.4418	3.2054 **	0.5208 *
	(2.33)	(1.55)	(2.03)	(1.66)
Lev	− 0.0059 ***	− 0.0046	− 0.0094 ***	− 0.0081
	(− 3.58)	(− 1.16)	(− 5.86)	(− 1.45)
Size	− 0.0024 ***	− 0.0043 ***	− 0.0018 ***	− 0.0030 ***
	(− 9.86)	(− 7.31)	(− 7.14)	(− 3.44)
Age	0.0034 ***	0.0042 ***	0.0047 ***	0.0041 ***
	(9.14)	(5.19)	(12.06)	(3.23)
Tangible	0.0070 ***	− 0.0021	0.0258 ***	0.0177 ***
	(4.59)	(− 0.51)	(17.59)	(3.07)
Growth	− 0.0012 *	− 0.0040 ***	− 0.0005	− 0.0039 **
	(− 1.89)	(− 2.75)	(− 0.74)	(− 2.39)
Top1	0.0086 ***	0.0155 **	0.0108 ***	0.0191 *
	(5.89)	(2.41)	(7.15)	(1.87)
Soe	− 0.0038 ***	0.0004	− 0.0055 ***	− 0.0007
	(− 8.11)	(0.37)	(− 11.63)	(− 0.39)
Intercept	0.0778 ***	0.1242 ***	0.1037 ***	0.6668 ***
	(10.25)	(14.84)	(8.21)	(13.39)
固定效应	控制	控制	控制	控制
Suest（MA × Der）	5.19 **		4.43 **	
N	6 739	1 475	6 739	1 475
adj. R^2	0.100	0.126	0.169	0.127

续表

Panel B：信息不对称对管理者能力作用的影响

变量	Risk_ROA		Risk_CF	
	信息不对称	信息对称	信息不对称	信息对称
Der	- 0.2553 ***	- 0.4460 ***	- 0.1640 **	- 0.4107 ***
	(- 3.36)	(- 4.49)	(- 1.96)	(- 4.29)
MA	0.0154 ***	0.0113 ***	0.0166 ***	0.0141 ***
	(5.58)	(4.46)	(6.01)	(5.56)
MA × Der	0.9353 ***	0.1825	1.0286 ***	0.1709
	(3.30)	(0.83)	(3.02)	(0.72)
Lev	- 0.0141 ***	0.0021	- 0.0162 ***	- 0.0039 *
	(- 5.93)	(0.93)	(- 6.80)	(- 1.74)
Size	- 0.0008 **	- 0.0043 ***	- 0.0003	- 0.0032 ***
	(- 2.05)	(- 13.67)	(- 0.85)	(- 10.16)
Age	0.0034 ***	0.0049 ***	0.0042 ***	0.0057 ***
	(4.93)	(6.88)	(5.92)	(8.05)
Tangible	0.0012	0.0066 ***	0.0202 ***	0.0257 ***
	(0.44)	(3.22)	(8.91)	(13.08)
Growth	- 0.0008	- 0.0012	- 0.0010	- 0.0007
	(- 0.95)	(- 1.55)	(- 1.15)	(- 0.86)
Top1	0.0034 *	0.0072 ***	0.0061 ***	0.0102 ***
	(1.79)	(3.65)	(3.02)	(5.05)
Soe	- 0.0045 ***	- 0.0028 ***	- 0.0060 ***	- 0.0047 ***
	(- 6.70)	(- 4.27)	(- 8.58)	(- 7.13)
Intercept	0.0457 ***	0.1139 ***	0.0395 ***	0.0972 ***
	(5.59)	(15.67)	(4.76)	(13.60)
固定效应	控制	控制	控制	控制
Suest（MA × Der）	4.17 **		3.85 **	
N	3 448	3 427	3 448	3 427
adj. R²	0.114	0.123	0.175	0.166

注：***、** 和 * 分别表示在 1%、5% 和 10% 的水平上显著并使用 Cluster 稳健标准误，括号内为 t 值。

所有权分散的公司往往面临严重的代理问题。采用分组检验方法检验股权集中度对管理能力作用的影响。首先，构建了股权集中度变量（Con），即第二大和第五大股东的持股比例之和除以第一大股东持股比例。根据 Con 变量的行业年度中位数值划分总体样本：如果样本企业的 Con 值高于行业年度中位数值，则该企业属于股权集中组，否则属于股权分散组。表 5 - 14 中的 Panel A 显示了分组回归结果。无论采用哪一种企业风险度量指标，股权分散组中 MA × Der 的系数值都明显大于股权集中组，且该系数仅在股权分散组显著。Suest 检验管理者能力变量的组间系数差异。

存在信息不对称问题的公司容易产生管理者寻租行为。采用分组检验方法检验信息不对称对管理能力作用的影响。参考巴塔恰亚等（Bhattacharya et al.，2003）所提出的盈余激进度（Earning Aggressiveness，EA）和盈余平滑度（Earning Smoothing，ES）两个指标作为会计信息透明度的替代指标[①]。其中，盈余激进度计算公式为：

$$\text{ACC}_{i,t} = \Delta\text{CA}_{i,t} - \Delta\text{CL}_{i,t} - \Delta\text{Cash}_{i,t} + \Delta\text{STD}_{i,t} - \text{DEP}_{i,t} + \Delta\text{TP}_{i,t}$$

公式（5 - 2）

$$\text{EA}_{i,t} = \text{ACC}_{i,t} / \text{Asset}_{i,t-1} \qquad 公式（5 - 3）$$

在公式中，$\text{EA}_{i,t}$ 代表盈余激进度，$\text{ACC}_{i,t}$ 代表应计项目，$\Delta\text{CA}_{i,t}$ 代表流动资产的增加额，$\Delta\text{CL}_{i,t}$ 代表流动负债的增加额，$\Delta\text{Cash}_{i,t}$ 代表货币的增加额，$\Delta\text{STD}_{i,t}$ 代表一年内到期的长期负债的

---

① 巴塔恰亚等（2003）以盈余激进度、损失规避度和盈余平滑度构造会计信息质量的综合指数。已有研究明确指出，损失规避度适合于以国家为分析对象的跨国研究（黄娟娟、肖珉，2006；王克敏等，2009）。与巴塔恰亚等（2003）等的跨国研究对象不同，本书研究对象为一国不同地区的上市公司个体，鉴于此，本书确定以盈余激进度和盈余平滑度指标测量上市公司信息不透明度。

增加额，$DEP_{i,t}$ 代表计提的固定资产、折旧和无形资产摊销额，$\Delta TP_{i,t}$ 代表应交税金的增加额。

盈余平滑度的计算公式为：

$$ES_{i,t} = \frac{SD(CFO_{i,t-3}/Asset_{i,t-4},\ CFO_{i,t-2}/Asset_{i,t-3},\ CFO_{i,t-1}/Asset_{i,t-2},\ CFO_{i,t}/Asset_{i,t-1})}{SD(NI_{i,t-3}/Asset_{i,t-4},\ NI_{i,t-2}/Asset_{i,t-3},\ NI_{i,t-1}/Asset_{i,t-2},\ NI_{i,t}/Asset_{i,t-1})} \qquad 公式（5-4）$$

在公式中，$ES_{i,t}$ 表示盈余平滑度，$CFO_{i,t}$（K = 0，1，2，3）表示第 t - k 年第 i 家公司的经营活动产生的现金流净额，$NI_{i,t-k}$ 表示第 t - k 年第 i 家公司的净利润，$Asset_{i,t-k-1}$ 表示第 t - k - 1 年第 i 家公司期末总资产。根据计算出来的 $EA_{i,t}$ 和 $ES_{i,t}$，采用下列公式计算会计信息的透明度：

$$TA_{i,t} = \frac{Deciles(EA_{i,t}) + Deciles(ES_{i,t})}{2} \qquad 公式（5-5）$$

其中，TA 为会计信息透明度，Deciles（ ）表示计算括号内指标按低到高计算十分位数值，并依次赋值为 1，2，…，10。TA 的值分布在 [1，10] 区间内，TA 取值越低，会计信息质量越好。

根据 TA 变量的行业年度中位数进行分组，若样本企业 TA 取值高于行业年度中位数，则该企业归属于信息不对称组，否则归属于信息对称组。表 5 - 14 分别报告 Risk_ROA 和 Risk_CF 的回归结果。在信息不对称组中，MA × Der 的系数在 1% 水平时为正且显著，而在信息对称组中并不显著。对比各分组回归系数是否存在差异，对 MA × Der 系数的 Suest 检验结果在 5% 水平上显著，说明两组间管理者能力的作用系数存在显著的差异。研究结果与我们的预期一致，即对于有能力的管理者来说，当拥有的自由裁量权越大时，利用衍生品交易追求最大化寻租活动的问题更为严重。

5.8　小　　结

如何激励企业管理者强化风险防控以促进企业稳增长和提质增效，同时防范管理者过度风险投机以避免潜在经济危机出现，成为我国公司金融研究的重要问题。研究发现，金融衍生工具使用与企业风险之间呈显著负相关关系，且两者负向关系更少地出现在管理者能力更高的企业，表明管理者能力对金融衍生工具使用与企业风险之间存在负面影响。实证结果支持了"管理者寻租观"假说，即有能力的管理者偏好更具风险性的交易活动，以股东利益为代价实现自利目的。这些结论在控制内生性问题等稳健性检验后依然成立。

第6章 管理者能力、金融衍生工具使用与
企业风险：基于监督机制的作用

基于中国 A 股非金融企业数据，本章研究公司治理的监督机制对管理者能力的风险效应的作用结果。研究发现，分析师跟进、媒体关注、机构投资者持股比例和内部公司治理水平等监督机制能够削弱管理者能力、金融衍生工具与企业风险之间的正向关系，表明公司治理的监督机制能够有效缓解管理者能力的负面影响。这些结论在控制内生性问题等稳健性检验后依然成立。

6.1 引　言

第 5 章研究结论表明，金融衍生工具与企业风险关系的作用会受到管理者能力的影响，而且管理者自由裁量权是管理者能力影响的作用条件。近年来，越来越多的文献关注公司治理的监督机制对管理者决策的影响，相关研究表明，对管理者自由裁量权的有效监督能够减少管理者寻租行为（Cheung et al. ，2017）。良好的公司治理质量有助于约束管理者以牺牲股东利益为代价来实现自我利益，减少企业对金融衍生工具的不当使用，例如投机和选择性套期保值行为（Tufano，1996；Geczy et al. ，2007；Lel，2012；Bramtram，2019）；而且，在公司治理水平较高的企业中，

使用金融衍生工具往往能够更好地实现企业风险控制和价值提升（Kleffner et al.，2003；Whidbee & Wohar，1999；Géczy et al.，2007；Brunzell et al.，2011；Allayannis et al.，2012；Lel，2012）。

2007 年爆发的全球金融危机凸显公司治理机制的重要性（Holmstrom & Kaplan，2003），金融危机使得人们意识到弱的公司治理机制会对危机后果的进一步恶化起到推波助澜的作用（Erkensa et al.，2012）。欧美各国和各国际组织相继提出强化金融衍生工具交易的外部监管法案及规则以保护投资者权益，如美国 2010 年颁布的《多德—弗兰克华尔街改革和消费者保护法》（Dodd – Frank Wall Street Reform and the Consumer Protection Act）、英国 2011 年颁布的《金融监管新路径：改革蓝皮书》（A New Approach to Financial Regulation：The Blueprint for Reform）、欧盟 2012 年起实施的《欧洲市场基础设施监管规则》（The European Market Infrastructure Regulation）等。

在金融危机期间，不少中国大型国企（如中国航空、中国远洋和华能集团）因为场外衍生品交易蒙受巨额损失。据国资委统计，截止到 2008 年 10 月底，我国有 68 家中央企业因金融衍生工具业务导致浮亏 114 亿元。自 2009 年起，国务院国资委和地方国资委陆续出台了多项对金融衍生工具交易的政府监管规定，以加强对于国有企业的金融衍生工具使用情况及其信息披露的监管力度。例如，仅在 2009 年 2 月和 6 月，国务院国资委分别出台《关于进一步加强中央企业金融业务监管的通知》和《关于做好金融衍生业务季报工作的通知》①，明确强调通过更加严格的审查监管来抑制投机交易和降低资本市场风险。

然而，也有不少研究质疑监督机制的预期效果。这些研究认为，加强监管未必有利于发挥金融衍生工具的风险管理功能，且对于金融衍生工具的投机行为并不存在明显的作用。一方面，金融衍生工具及其会计处理的复杂性对于外界正确理解相关信息造成了困扰，帮助管理者逃避或缓解监督；另一方面，严格监管会增加金融衍生工具的使用成本和可供选择的交易类型②，将大大降低企业利用金融衍生工具对冲风险的需求和管理风险的能力，从而抑制金融衍生工具在风险管理中的运用。例如，许多美国大型企业（包括能源生产商、航空公司和工业设备制造商）认为对美国政府对场外衍生品过于苛严的监管会过度挤压市场参与者的盈利进而抑制金融衍生工具市场的发展，削弱了公司利用场外衍生品管理风险的能力（Bartram et al. ，2011）。由此可见，监管是否能够对金融衍生工具使用产生积极的影响，尚不存在一致的结论。

基于中国 A 股非金融企业数据，本章研究公司治理的监督机制对管理者能力的风险效应的作用结果。研究发现，分析师跟进、

---

① 2009 年 2 月出台的《关于进一步加强中央企业金融业务监管的通知》涉及场内和场外交易的持仓规模、资金使用、风险敞口及盈亏等监管规定。特别强调"资产负债率高、经营严重亏损、现金流紧张的企业不得开展金融衍生业务"；对金融衍生工具持仓规模进行设限，要求"持仓规模应当与现货及资金实力相适应，持仓规模不得超过同期保值范围现货的90%；以前年度金融衍生业务出现过严重亏损或新开展的企业，两年内持仓规模不得超过同期保值范围现货的50%"。并且要求有关部门对少数业务规模较大、风险较高、浮亏较多的企业开展专项审计调查，并对相关高管进行责任认定与追责。2009 年 6 月出台的《关于做好金融衍生业务季报工作的通知》强化金融衍生业务的信息披露要求，明确指出"从事金融衍生业务的企业应于每季度终了 10 个工作日内向国资委报告业务持仓规模、资金使用、盈亏等情况"。

② 例如，自 2007 年次贷危机后，众多涉及金融衍生工具交易的相关法案开始严格限制场外衍生品交易。

媒体关注、机构投资者持股比例和内部公司治理水平等监督机制能够削弱管理者能力、金融衍生工具与企业风险之间的正向关系，表明公司治理的监督机制能够有效缓解管理者能力的负面影响。可能的研究贡献体现在，从管理者监管角度研究内、外部治理机制对金融衍生工具使用的影响，不但可以完善公司治理文献，而且为检验监管实施效果以及未来的监管规制提供了微观证据。

6.2　文献回顾和假设提出

高层梯队理论强调了管理者对于战略决策的作用，但实际上管理者对于决策的影响程度会受到管理者自主权大小的影响（Hambrick & Mason，1984）。较高的管理者自由裁量权意味着管理者具有较高的决策选择权、监督权以及执行权等，因此管理者个人偏好、认知等特征将更大程度地反映在企业决策中（Cronqvist et al.，2012；张三保、张志学，2014）。相反，当管理者行为受到严格的监督和约束，高管个人偏好的显示和才能的发挥空间可能会受到很大的限制。

金融衍生工具是经济复杂性程度最高的金融产品之一（Change et al.，2016），金融衍生工具的管理层授权、具体使用策略、内部控制机制和风险控制机制与公司治理机制密切相关（王晓珂、黄世忠，2017）。公司治理差的企业，管理层更有动机利用金融衍生工具的特点进行主动操控（Wagner，2007）；良好的公司治理有助于减少管理层机会主义的自利行为，减少其利用金融衍生工具进行投机的可能性（王晓珂、黄世忠，2017）。其原因有二：一方面，由于金融衍生工具交易受到了更为严格的监管并形成制度保证，企业会更加规范和审慎从事金融衍生工具交易，这有利于减少管理者投机套利行为。另一方面，公司治理能够限制管理者自由裁量权的大小（Bertrand & Mullainathan，2003），当管理者的决策选择受到制度环境制约时，管理者个人特征对企业决策及其后果的影响将被削弱（Hambrick，2007）。对金融衍生工具交易的监管机制有利于推动企业形成相对标准化的金融衍生工具交易的业务流程，这在一定程度上会削弱或约束管理者的决策选择自由度，尤其是对于战略决策的不确定性影响。贝伯和法布尔（2012）发现，欧美发达国家的企业使用金融衍生工具已经形成相对标准化的流程，因此管理者特征对金融衍生工具使用效果的影响较小。孟庆斌等（2016）发现，国企高管对金融衍生工具使用效果的影响弱于民企，并将其归因为民企具有更加宽松的监管环境和更好的激励，管理者能力更容易得到发挥。程等（Cheng et al.，2020）利用中国企业数据表明，针对国有企业金融衍生工具交易的政府监管有助于国有企业利用金融衍生工具对冲市场风险和降低企业风险水平。因此，我们预期强监管的制度环境更有利于发挥金融衍生工具的风险管理功能。

然而，也有不少研究质疑监督机制的预期效果。这些研究认为，加强内外部约束机制不一定有利于发挥金融衍生工具的风险管理功能，且对于金融衍生工具的投机行为并不存在明显的作用。一方面，金融衍生工具及其会计处理的复杂性对于外界正确理解相关信息造成了困扰，帮助管理者逃避或缓解监督。管理层要实现机会主义动机，其前提条件是其寻租行为在短期内难以被发现和侦查。因此，公司治理机制对于易被识别的管理者行为可能有很好的治理作用，但对于不易识别的管理者行为通常缺乏约束力。仓勇涛等（2011）指出，外部治理机制行使监督职能可能会产生未预期的行为后果：面对外部机制约束时，公司管理层会利用信息优势把动机更好地隐藏于不易被识别的空间，帮助管理层绕过外部约束机制的监督。金融衍生工具及其会计处理的复杂性影响财务报告的信息质量（王晓珂和黄世忠，2017），对投资者和分析师等正确理解相关信息造成了困扰（Campbell et al.，2015；Chang et al.，2016），为管理者不当行为提供了摆脱监督的通道；另一方面，严格监管会增加金融衍生工具的使用成本和可供选择的交易品种，将大大减少了企业利用金融衍生工具进行套期保值的需求和管理市场风险的能力，进而抑制金融衍生工具在风险管理中的运用。例如，美国国会 2009 年金融监管改革计划的推出引发了许多美国大型企业（包括能源生产商、航空公司和工业设备制造商）的抗议，这些企业认为对美国政府对场外衍生品过于严苛的监管会过度挤压市场参与者的盈利进而抑制金融衍生工具市场的发展，削弱了公司利用场外衍生品管理风险的能力（Bartram et al.，2011）。格威利姆和易卜拉欣（Gwilym & Ebrahim，2013）认为，《多德—弗兰克华尔街改革和消费者保护法》对商品期货交易（包括头寸、集中清算和抵押品等方面）实施更严格的监管，会降低企业对商品期货的内生性套期保值需求，从而降低期货合约的流动性。邵丽丽、孙铮（2017）对 2008～2015 年中国出口企业的研究发现，在汇率风险对冲手段中，经营对冲手段的使用频率明显高于汇率衍生品①，外部制度约束较高可能是抑制企业使

---

① 邵丽丽、孙铮（2017）将汇率风险对冲手段概括为：（1）提高地理分散程度的对冲手段有助于降低外部需求对某一汇率波动的依赖性，分散了汇率风险；（2）保持客户稳定的对冲手段有助于降低外部需求对整体汇率波动的敏感性，控制了汇率风险；（3）加快生产速度、紧缩商业信用、对外币应收款进行贴现或保理等对冲手段能缩短订单日与结算日之间的时间跨度，使外币应收款更少暴露于汇率风险汇总，缩减了汇率风险发生的概率；（4）在合同中附加汇率补偿或保值条款、提前或推迟手段、合理选择结算货币、采用汇率衍生工具、借入与出口收入应收款的币种和结算期相配对的外币借款等，能够将特定期间的汇率风险转移给交易对手，转移了汇率风险。在各项风险对冲手段中，金融衍生工具和配对借款属于金融对冲手段，其余为经营对冲手段。

用金融衍生工具的重要原因。

　　由此可见，监管是否能够对金融衍生工具使用产生积极的影响，尚不存在一致性的结论。有效的监管能够抑制有能力管理者的寻租活动，例如投机和选择性套期保值行为，企业能够运用金融衍生工具降低企业风险。否则，我们不能观察到监督机制强弱对管理者能力的负面影响存在明显的作用。根据以上推论，提出以下假设：

　　假设 1a：在监管有效假设下，监督机制对管理者能力作用存在积极的影响，即在监督水平越高的企业，管理者能力对金融衍生工具使用与企业风险关系的负面影响越小。

　　假设 1b：在监管无效假设下，监督机制对管理者能力作用不存在明显的影响，即无论监督水平高低，管理者能力对金融衍生工具使用与企业风险关系不存在明显差异。

6.3　样本、变量和模型

6.3.1　样本选取

　　选择 2009～2015 年度的 A 股上市公司为研究样本，由于相关变量计算要用到滞后期数据，因此实际样本区间为 2008～2019 年。在初选样本基础上：剔除 ST、PT 及金融保险类公司和数据有缺失的样本。最后得到总共 8 214 个年度样本，存在金融衍生工具使用的样本数量为 1 237 个，其中国有企业样本数为 557 个。金融衍生工具数据是根据上市公司年报信息手工收集得出，其他数据来自 CSMAR 数据库。连续变量在 1% 和 99% 水平上进行数据截尾处理。

6.3.2　变量定义

分别从公司内外两个角度考察治理监督因素对管理者能力效应的影响。内部因素聚焦考察内部公司治理水平，外部监督因素分别从分析师跟进、媒体关注和机构投资者持股比例进行测度。

（1）分析师跟进（Analyst）。分析师作为上市公司与投资者之间重要的信息中介，通常被视为是公司管理层的外部监管者（Jensen & Meckling，1976；Healy & Palepu，2001；Lang et al.，2004；Yu，2008）。分析师跟踪、调研公司，不断地审视管理层的活动，这使公司管理层对损害公司价值的行为有所顾忌，分析师跟进对公司不当行为起到了约束作用。特别是对一些存在严重代理问题的公司，分析师的工作就更为重要了。采用分析师跟进作为外部监管水平的第一个衡量指标（Analyst），用分析师的跟踪数量加1后取对数值表示，该值越大表明外部监督水平越高。

（2）媒体关注（Media）。媒体报道对公司的治理效应主要基于"声誉机制"（Dyck et al.，2008）和行政机构介入（李培功、沈艺峰，2010；周开国等，2016）来实现。首先，媒体关注影响政治家声誉，能驱使政治家执行新的公司法或者推行公司法改革，从而约束限制高管行为；其次，媒体关注能够影响公司高管的社会声誉和公众形象，在外部媒体的监督下，管理者更倾向于通过良好的经营方案来维持其良好的声誉和形象。因此，媒体关注度作为衡量外部监管水平的第二个衡量指标（Media）。本书考虑了报纸关注度和网络关注度。采用主题搜索的方式收集报道企业新闻的数量，然后对其加1后取对数，该值越大表明外部监督水平越高。

（3）机构投资者持股比例（Insti）。机构投资者在投资规模、信息收集、信息分析以及影响管理层决策方面更有优势，能够以较小的成本监督管理层行为，从而有效缓解股东与管理层之间的代理冲突（程书强，2006；Ole - Kristian，2013；史永东、王谨乐，2014；Fich et al.，2015）。因此，机构投资者持股比例作为外部监管的第三个衡量指标（Insti），采用机构投资者持股总数除以总股数表示，本书所指的机构投资者主要包括证券投资基金、QFII、券商、保险公司、社保基金、信托、财务公司、银行、非金融类上市公司和一般法人股东。Insti 取值越大表明外部监督水平越高。

（4）内部公司治理水平（CG）。大量前期文献表明，公司治理，尤其是内部治理，例如股权结构、董事会的独立性，是解决因企业所有权与控制权分离而产生的所有者和经营者之间委托代理问题的重要机制。采用公司治理指数作为衡量内部监督水平的替代指标（CG）。公司治理机制是包含多重内涵的综合性机制，故单独关注某个指标并不能很好地反映公司整体的治理状况。借鉴白重恩等（2005），方红星、金玉娜（2013）的研究方法，首先，从管理者监督方面选取 9 个反映公司治理机制的变量，包括第一大股东持股比例（Top1）、第二到第十大股东股权集中度（Top10，第二至第十大股东持股比例之和）、独立董事比例（Indep）、总经理与董事长是否兼任（Dual，两职兼任为 1，否则为 0）、董事会规模（Bsize）和监事会规模（Susize）、董事会会议次数（Bm）和监事会议次数（Sm）衡量监督机制特征；其次，对所有变量采用主成分分析，选取第一大主成分作为内部公司治理的监督机制的度量指标（CG），计算过程如公式（6 - 1）所示。CG 取值越大，表明内部监督水平越高。

$$CG_{i,t} = -0.0742 \times Top1_{i,t} + 0.0823 \times Top5_{i,t} - 0.3801 \times Indep_{i,t}$$
$$+ 0.1897 \times Insti_{i,t} - 0.3067 \times Dual_{i,t} + 0.6346 \times Bsize_{i,t}$$
$$+ 0.5545 \times Susize_{i,t} - 0.0152 \times Bm_{i,t} - 0.0527 \times Sm_{i,t}$$

公式（6-1）

6.3.3 模型设定

为检验假设1a和假设1b，模型设定如下：

$$Risk_{i,t+1} = \alpha_0 + \alpha_1 Der_{i,t} + \alpha_2 MA_{i,t} + \alpha_3 Mon_{i,t} + \alpha_4 MA_{i,t} \times Der_{i,t} + \alpha_5 MA_{i,t}$$
$$\times Mon_{i,t} \times Der_{i,t} + \Sigma Control_{i,t} + \mu_t + \lambda_t + Error_{i,t}$$

模型（6-1）

其中，Mon为监管水平变量，依次采用分析师跟进（Analyst）、媒体关注（Media）、机构投资者持股比例（Insti）和内部公司治理水平（CG）作为衡量指标；Risk为企业风险变量，分别使用盈利波动性（Risk_ROA）和现金流波动性（Risk_CF）衡量；Der为金融衍生工具使用变量，采用金融衍生工具公允价值期末值与总资产的比值来表示；MA为管理者能力变量，采用德莫里安等（2012）方法测度；控制变量包括资产负债率（Lev）、企业成长性（Growth）、公司规模（Size）、上市年限（Age）、股权集中度（First）、资产有形性（Tangible）、产权性质（Soe），具体变量含义和度量方法详见表6-1。自变量均滞后一期，以避免选用当期值所可能存在的反向因果问题。模型同时控制了年度和个体固定效应。在回归方程中重点检查三项交互项 MA × Mon × Der 的回归系数（α_5）的显著性，即监督因素对管理者能力风险效应的影响[1]。如果

---

　① 参照艾肯和韦斯特（1994）的做法，将数据进行中心化后再交叉相乘，这种变换不会影响变量之间的相关关系，并可以避免严重的多重共线性问题，可以更有效地研究交互项效应。

MA × Mon × Der 系数显著为负（$\alpha_5 < 0$），研究假设 H1a 的理论预期得到证实，否则，假设 H1b 成立。

表 6 – 1　　　　　　　　　　　研究变量说明

变量	含义
Risk_ROA	企业风险，最近四年的季度 ROA 标准差
Risk_CF	企业风险，最近四年经行业均值调整的季度 EBITDA 标准差
Der	金融衍生工具使用，金融衍生工具公允价值期末值与总资产的比值
MA	管理者能力，参照德莫里安等（2012），采用数据包络分析法和 Tobit 模型分阶段计算
Analyst	分析师跟进，分析师的跟踪数量加 1 后取对数
Media	媒体监督，上市公司的新闻报告数量加 1 后取对数
Insti	机构投资者持股比例，机构投资者持股总数除以总股数
CG	公司治理指数，从管理者监督方面选取 9 个反映公司治理机制的变量进行主成分分析，并以第一大主成分度量
Lev	资产负债率，总负债/总资产
Growth	企业成长性，主营业务收入增长率
Size	公司规模，总资产自然对数
Age	上市年限，对上市年限加 1 后取自然对数
First	股权集中度，第一大股东持股比例
Tangible	资产有形性，固定资产净值/总资产
Soe	产权性质，国有和非国有企业分别赋值为 1 和 0

6.4 实 证 结 果

6.4.1 描述性统计

表6－2是主要变量的描述性统计结果，Panel A 和 Panel B 分别为全样本和分组样本报告，根据上市公司的管理者能力（MA）是否大于行业年度中位数，分别将全样本划分为管理者能力较高组和较低组两个分组。由 Panenl A 可知，Analyst 的均值和中位数分别为 2.4401 和 2.4849，说明变量分布整体接近正态分布。Media 均值为 4.3687，大于中位数 4.3041，表明样本略有右偏。Insti 均值 0.0712，大于中位数 0.0430，基本呈现正态分布。CG 均值和中位数分别为 6.8098 和 6.2721，说明样本企业的内部治理水平是右偏的。Panel B 的单变量检验结果表明，两个分组在监督因素上存在明显差异，管理者能力较高企业在外部监管水平（分析师跟进、媒体关注、机构投资者持股比例）和内部监管水平（内部公司治理水平）上均普遍高于管理者能力较低企业。

表6－2　　　　　　　　主要变量描述性统计结果

Panel A 全样本

变量	均值	中位数	最大值	最小值	25%	75%	标准差
Risk_ROA	0.0228	0.0180	0.1088	0.0031	0.0115	0.0284	0.0177
Risk_CF	0.0339	0.0297	0.1159	0.0093	0.0215	0.0410	0.0183
Der	0.0004	0	0.0169	0	0	0	0.0020
MA	－ 0.0004	－ 0.0294	0.9539	－ 0.2539	－ 0.0885	0.0428	0.1648

续表

Panel A 全样本

变量	均值	中位数	最大值	最小值	25%	75%	标准差
Analyst	2.4401	2.4849	5.3936	0.6931	1.6094	3.3322	1.1016
Media	4.3687	4.3041	5.1930	4.1431	4.2195	4.4543	0.2102
Insti	0.0712	0.0430	0.7693	0	0.0130	0.1014	0.0800
CG	6.8098	6.2721	34.5493	−0.4741	4.5520	8.4823	0.0800
Lev	0.4744	0.4804	0.8857	0.0589	0.3173	0.6369	0.2049
Size	22.1997	22.0194	25.9911	19.8238	21.3334	22.9036	1.2325
Age	2.2902	2.4849	3.1355	0.6931	1.7918	2.8332	0.6537
Tangible	0.2413	0.2085	0.7333	0.0021	0.1036	0.3481	0.1744
Growth	0.1750	0.0955	3.3052	−0.5424	−0.0408	0.2575	0.4821
Top1	0.3701	0.3544	0.7600	0.0923	0.2445	0.4820	0.1542
Soe	0.5273	1	1	0	0	1	0.4993

Panel B 分组样本：管理者能力较高组（High_MA）和较低组（Low_MA）

变量	High_MA		Low_MA		单变量检验	
	均值	中位数	均值	中位数	均值	中位数
Risk_ROA	0.0235	0.0188	0.0221	0.0172	3.553 ***	4.155 ***
Risk_CF	0.0351	0.0307	0.0327	0.0289	5.889 ***	6.200 ***
Der	0.0004	0.0000	0.0003	0.0000	3.034 ***	3.508 ***
Analyst	2.6238	2.7081	2.2353	2.1972	14.562 ***	14.371 ***
Media	4.3881	4.3175	4.3495	4.2905	8.363 ***	6.771 ***
Insit	0.0800	0.0515	0.0625	0.0352	9.927 ***	10.331 ***
CG	7.0770	6.5977	6.5454	6.1276	4.7815 ***	4.380 ***
Lev	0.4950	0.4999	0.4540	0.4557	9.100 ***	8.804 ***
Size	22.4481	22.2830	21.9549	21.7740	18.522 ***	19.473 ***
Age	2.2521	2.4849	2.3277	2.5649	−5.248 ***	−6.405 ***
Tangible	0.2361	0.1964	0.2463	0.2197	−2.664 ***	−3.905 ***
Growth	0.2945	0.1624	0.0572	0.0383	23.012 ***	26.932 ***

Panel B 分组样本：管理者能力较高组（High_MA）和较低组（Low_MA）

变量	High_MA		Low_MA		单变量检验	
	均值	中位数	均值	中位数	均值	中位数
Top1	0.3848	0.3706	0.3556	0.3376	8.5978***	8.247***
Soe	0.5273	1	0.5272	1	0.014	0.014

注：该表报告全样本（Panel A）和分组样本（Panel B）中主要变量描述性统计结果。均值差异检验和中位数差异检验分别采用 t 检验和 wilcoxon 秩检验。 *** 、 ** 、 * 分别表示 1% 、5% 和 10% 显著性水平。

主要变量的皮尔森相关系数和斯皮尔曼相关性系数矩阵如表 6-3 显示。Risk（Risk_ROA、Risk_CF）与 Mon（Analyst、Media、Insti、CG）在 1% 水平上显著负相关，表明监督水平越高，企业风险水平越低。各变量之间相关度均小于 0.6，且 VIF 值均小于 3，说明变量之间不存在严重的多重共线性。

6.4.2 实证结果分析

表 6-4 报告了在控制年度和企业固定效应后，管理者能力、金融衍生工具使用与企业风险之间的相关性。Panel A 和 Panel B 分别报告了 Risk_ROA 和 Risk_CF 的回归结果。在 Panel A 中，依次对 Mon 采用 Analyast、Media、Insti 和 CG 指标进行衡量。实证结果显示，Mon 的回归系数均显著为负，表明监管机制对企业整体风险有明显的遏制效果；MA × Mon × Der 的回归系数均显著为负，表明公司治理的监管机制显著削弱管理者能力对金融衍生工具使用与企业风险之间的正相关关系，其反向调节效应明显。总体而言，实证结果表明，在影响管理者能力如何发挥金融衍生工具风险管理的作用方面，公司治理的监管机制发挥着至关重要的

表6-3

皮尔森和斯皮曼相关系数矩阵

变量	V1	V2	V3	V4	V5	V6	V7	V8	V9	V10	V11	V12	V13	V14	V15
V1: Risk_ROA		0.839	-0.014	0.065	0.184	0.120	0.162	-0.113	-0.363	-0.242	-0.074	0.065	0.041	0.010	-0.153
V2: Risk_CF	0.911		-0.024	0.058	0.232	0.131	0.145	0.169	-0.281	-0.157	-0.060	0.357	0.070	0.046	-0.080
V3: Der	-0.049	-0.043		0.063	0.088	0.078	-0.009	0.043	0.116	0.167	-0.053	0.043	0.010	0.056	-0.056
V4: MA	0.068	0.087	0.087		0.208	0.099	0.109	0.059	0.129	0.209	-0.103	-0.085	0.336	0.108	-0.012
V5: Analyst	-0.090	-0.150	0.006	0.110		0.489	0.535	0.055	-0.031	0.366	-0.190	0.070	0.163	0.119	0.017
V6: Media	-0.060	-0.096	0.012	0.088	0.414		0.285	0.071	0.146	0.258	-0.006	-0.017	0.142	0.045	0.108
V7: Insti	-0.045	-0.072	-0.017	0.078	0.442	0.263		0.103	-0.023	0.140	0.014	-0.083	0.137	-0.146	-0.013
V8: CG	-0.062	-0.115	-0.001	0.044	0.063	0.065	0.080		0.107	0.125	-0.006	-0.190	0.096	-0.032	0.196
V9: Lev	-0.169	-0.162	0.057	0.121	-0.043	0.126	-0.018	0.129		0.502	0.285	-0.027	0.070	0.084	0.267
V10: Size	-0.201	-0.149	0.080	0.163	0.323	0.287	0.109	0.148	0.489		0.252	-0.020	0.031	0.219	0.311
V11: Age	0.003	0.020	-0.023	-0.007	-0.149	-0.035	0.034	-0.015	0.324	0.206		-0.084	-0.100	-0.129	0.315
V12: Tangible	0.056	0.242	-0.032	-0.063	-0.002	-0.036	-0.087	-0.190	0.049	0.066	0.023		-0.065	0.044	0.135
V13: Growth	0.009	0.026	0.032	0.518	0.050	0.110	0.063	0.071	0.069	0.042	-0.009	-0.089		0.021	-0.006
V14: Top1	-0.014	0.019	0.026	0.118	0.077	0.070	-0.123	-0.032	0.077	0.258	-0.108	0.038	0.027		0.173
V15: Soe	-0.114	-0.084	-0.036	0.007	-0.038	0.093	0.003	-0.188	0.282	0.315	0.385	0.153	-0.033	0.173	

注：该表报告企业风险（Risk_ROA, Risk_CF）、金融衍生工具使用（Der）、管理者能力（MA），监管水平（Analyst, Media, Insti, CG）和控制变量的相关系数矩阵。皮尔森（斯皮曼）相关系数矩阵位于表6-3的上（下）对角线，其中黑体部分数值的显著性水平≤5%。

作用。监管机制对金融衍生工具的使用存在积极的影响。在 Panel B 中，我们也能得到相同的结论。因此，假设 1a 的结论得证。

表 6 - 4　　　　　　监管机制对管理者能力效应的影响

Panel A：因变量为 Risk_ROA

变量	Analyst	Media	Insti	CG
Der	- 0. 2538 ***	- 0. 2670 ***	- 0. 2950 ***	- 0. 1716 **
	(- 4. 75)	(- 5. 44)	(- 5. 83)	(- 2. 04)
MA	0. 0131 ***	0. 0144 ***	0. 0138 ***	0. 0092 ***
	(7. 08)	(8. 37)	(7. 82)	(4. 54)
Mon	- 0. 0024 ***	- 0. 0181 ***	- 0. 0156 ***	- 0. 0001
	(- 11. 68)	(- 14. 21)	(- 6. 97)	(- 1. 32)
MA × Der	0. 5711 **	0. 5608 ***	0. 6426 ***	0. 6361 **
	(2. 34)	(3. 14)	(3. 49)	(2. 46)
MA × Mon × Der	- 0. 2364 **	- 0. 2031 *	- 5. 9771 **	- 0. 0807 **
	(- 2. 09)	(- 1. 77)	(- 2. 12)	(- 2. 13)
Lev	- 0. 0100 ***	- 0. 0044 ***	- 0. 0053 ***	- 0. 0104 ***
	(- 6. 20)	(- 2. 96)	(- 3. 57)	(- 4. 48)
Size	- 0. 0030 ***	- 0. 0041 ***	- 0. 0029 ***	- 0. 0016 ***
	(- 11. 60)	(- 16. 24)	(- 12. 74)	(- 4. 95)
Age	0. 0039 ***	0. 0033 ***	0. 0032 ***	0. 0028 ***
	(11. 07)	(9. 93)	(9. 73)	(5. 97)
Tangible	0. 0041 ***	0. 0064 ***	0. 0060 ***	- 0. 0011
	(2. 74)	(4. 55)	(4. 19)	(- 0. 52)
Growth	- 0. 0014 **	- 0. 0018 ***	- 0. 0015 **	- 0. 0001
	(- 2. 18)	(- 3. 05)	(- 2. 51)	(- 0. 20)

续表

Panel A：因变量为 Risk_ROA

变量	Analyst	Media	Insti	CG
Top1	0.0071 ***	0.0067 ***	0.0068 ***	0.0040 **
	(5.33)	(5.36)	(5.34)	(2.13)
Soe	−0.0022 ***	−0.0026 ***	−0.0032 ***	−0.0033 ***
	(−4.78)	(−6.05)	(−7.32)	(−5.10)
常数项	0.0884 ***	0.0307 ***	0.0877 ***	0.0682 ***
	(15.34)	(5.20)	(17.33)	(10.19)
年度固定效应	控制	控制	控制	控制
公司固定效应	控制	控制	控制	控制
N	6 617	8 214	8 214	3 394
adj. R^2	0.134	0.128	0.105	0.099

Panel B：因变量为 Risk_CF

变量	Analyst	Media	Insti	CG
Der	−0.2248 ***	−0.2331 ***	−0.2536 ***	−0.2729 ***
	(−4.06)	(−4.72)	(−4.97)	(−3.15)
MA	0.0150 ***	0.0164 ***	0.0155 ***	0.0112 ***
	(8.02)	(9.57)	(8.88)	(5.10)
Mon	−0.0034 ***	−0.0189 ***	−0.0231 ***	−0.0002 **
	(−16.28)	(−14.47)	(−9.78)	(−2.21)
MA × Der	0.6089 **	0.6320 ***	0.6938 ***	0.6851 **
	(2.03)	(3.10)	(3.08)	(2.13)
MA × Mon × Der	−0.1822 **	−0.2586 *	−6.3209 *	−0.1654 **
	(−2.14)	(−1.73)	(−1.80)	(−2.55)
Lev	−0.0125 ***	−0.0079 ***	−0.0086 ***	−0.0123 ***
	(−7.89)	(−5.50)	(−5.87)	(−5.30)
Size	−0.0030 ***	−0.0034 ***	−0.0022 ***	−0.0011 ***
	(−11.35)	(−13.50)	(−9.71)	(−3.30)

Panel B：因变量为 Risk_CF

变量	Analyst	Media	Insti	CG
Age	0.0053 ***	0.0042 ***	0.0042 ***	0.0040 ***
	(14.49)	(12.54)	(12.25)	(8.18)
Tangible	0.0245 ***	0.0254 ***	0.0252 ***	0.0195 ***
	(16.95)	(18.69)	(18.33)	(9.08)
Growth	-0.0009	-0.0012 **	-0.0009	0.0003
	(-1.32)	(-2.05)	(-1.52)	(0.36)
Top1	0.0096 ***	0.0089 ***	0.0096 ***	0.00642 ***
	(6.97)	(6.96)	(7.36)	(3.21)
Soe	-0.0033 ***	-0.0041 ***	-0.0047 ***	-0.0046 ***
	(-7.13)	(-9.44)	(-10.75)	(-6.92)
常数项	0.0864 ***	0.0151 **	0.0760 ***	0.0595 ***
	(15.21)	(2.51)	(15.19)	(8.83)
年度固定效应	控制	控制	控制	控制
公司固定效应	控制	控制	控制	控制
N	6 617	8 214	8 214	3 394
adj. R^2	0.214	0.184	0.166	0.158

注：*** 、** 和 * 分别表示在 1%、5% 和 10% 的水平上显著，并使用 Cluster 稳健标准误，括号内为 t 值。

6.5　稳健性检验

6.5.1　变量替代

使用过去三年经行业调整的 ROA 均值（IndAdjROA）作为管

理者能力的替代变量。表 6－5 是管理者能力替代变量的回归结果，其中 Panel A 和 Panel B 分别报告因变量为 Risk_ROA 和 Risk_CF 的实证回归结果，三项交互项 IndAdjROA × Mon × Der 的回归系数均在 1% 和 5% 水平上显著为负，回归结果支持了假设 1a。

表 6 － 5　　　　　　　　稳健性检验——变量替代

Panel A：因变量为 Risk_ROA

变量	Mon = Analyst	Mon = Media	Mon = Insti	Mon = CG
Der	－ 0.0295 *	－ 0.0449 ***	－ 0.0530 ***	－ 0.0051
	（ － 1.68 ）	（ － 2.74 ）	（ － 3.36 ）	（ － 0.12 ）
IndAdjROA	0.0908 ***	0.0701 ***	0.0738 ***	0.0899 ***
	（9.87）	（9.39）	（9.21）	（7.66）
Mon	－ 0.0011 ***	－ 0.0162 ***	－ 0.0070 ***	－ 0.00003 **
	（ － 4.46 ）	（ － 12.50 ）	（ － 3.01 ）	（ － 2.10 ）
IndAdjROA × Der	4.5818 *	4.7681 ***	3.9149 *	1.8694 *
	（1.75）	（2.71）	（1.79）	（1.76）
IndAdjROA × Mon × Der	－ 11.5323 ***	－ 12.6807 **	－ 112.6291 ***	2.0569 ***
	（ － 4.30 ）	（ － 2.20 ）	（ － 3.04 ）	（2.60）
Lev	0.0009	0.0047 ***	0.0041 ***	0.0005
	（0.54）	（3.14）	（2.63）	（0.21）
Size	－ 0.0030 ***	－ 0.0045 ***	－ 0.0033 ***	－ 0.0024 ***
	（ － 11.35 ）	（ － 18.05 ）	（ － 15.08 ）	（ － 8.07 ）
Age	0.0035 ***	0.0036 ***	0.0035 ***	0.0030 ***
	（8.79）	（9.64）	（9.41）	（5.36）
Tangible	0.0068 ***	0.0087 ***	0.0082 ***	0.0019
	（4.28）	（5.89）	（5.49）	（0.87）
Growth	0.0009	0.0006	0.0008	0.0009
	（1.57）	（1.13）	（1.53）	（1.37）

续表

Panel A：因变量为 Risk_ROA

变量	Mon = Analyst	Mon = Media	Mon = Insti	Mon = CG
Top1	0.0061 ***	0.0065 ***	0.0059 ***	0.0027
	(4.48)	(5.09)	(4.51)	(1.44)
Soe	− 0.0018 ***	− 0.0022 ***	− 0.0026 ***	− 0.0024 ***
	(− 3.95)	(− 4.98)	(− 5.95)	(− 3.56)
常数项	0.0844 ***	0.0406 ***	0.0910 ***	0.0764 ***
	(13.97)	(6.95)	(18.19)	(11.85)
固定效应	控制	控制	控制	控制
N	6 353	7 927	7 927	3 210
adj. R^2	0.151	0.134	0.114	0.127

Panel B：因变量为 Risk_CF

变量	Mon = Analyst	Mon = Media	Mon = Insti	Mon = CG
Der	− 0.0265 *	− 0.0361 ***	− 0.0436 ***	− 0.0258
	(− 1.72)	(− 2.60)	(− 3.38)	(− 0.50)
IndAdjROA	0.1475 ***	0.1302 ***	0.1337 ***	0.1411 ***
	(16.28)	(17.69)	(16.90)	(12.07)
Mon	− 0.0012 ***	− 0.0153 ***	− 0.0070 ***	− 0.0001 *
	(− 5.09)	(− 12.02)	(− 2.99)	(− 1.90)
IndAdjROA × Der	4.7089 **	3.4147 **	2.6896	0.6381
	(2.00)	(2.11)	(1.36)	(0.20)
IndAdjROA × Mon × Der	− 11.3794 ***	− 13.1234 *	− 86.3603 ***	− 2.6118 *
	(− 4.44)	(− 1.88)	(− 2.69)	(− 1.87)
Lev	0.0042 ***	0.0078 ***	0.0071 ***	0.0041 *
	(2.66)	(5.30)	(4.76)	(1.87)
Size	− 0.0029 ***	− 0.0042 ***	− 0.0031 ***	− 0.0024 ***
	(− 11.17)	(− 17.25)	(− 14.29)	(− 7.81)

续表

Panel B：因变量为 Risk_CF

变量	Mon = Analyst	Mon = Media	Mon = Insti	Mon = CG
Age	0. 0045 ***	0. 0046 ***	0. 0045 ***	0. 0044 ***
	（11. 37）	（12. 43）	（12. 19）	（7. 84）
Tangible	0. 0289 ***	0. 0297 ***	0. 0292 ***	0. 0240 ***
	（19. 35）	（21. 25）	（20. 71）	（11. 00）
Growth	0. 0017 ***	0. 0013 ***	0. 0015 ***	0. 0014 **
	（3. 02）	（2. 73）	（3. 09）	（2. 10）
Top1	0. 0077 ***	0. 0079 ***	0. 0074 ***	0. 0046 **
	（5. 68）	（6. 27）	（5. 71）	（2. 36）
Soe	− 0. 0026 ***	− 0. 0032 ***	− 0. 0037 ***	− 0. 0032 ***
	（− 5. 85）	（− 7. 49）	（− 8. 41）	（− 4. 69）
常数项	0. 0808 ***	0. 0372 ***	0. 0849 ***	0. 0737 ***
	（13. 67）	（6. 54）	（17. 47）	（11. 46）
固定效应	控制	控制	控制	控制
N	6 353	7 927	7 927	3 210
adj. R^2	0. 267	0. 229	0. 212	0. 227

注：***、** 和 * 分别表示在 1%、5% 和 10% 的水平上显著，并使用 Cluster 稳健标准误，括号内为 t 值。

6.5.2　样本替代

按照金融衍生工具自身交易方法与特点将金融衍生工具分为期货、远期、期权和互换。相较于其他衍生品而言，期货是在固定交易所以标准化合约的形式达成，交易过程公开透明，规范性强，这些特点为各方利益相关者更有效地监管提供了通道（郭飞等，2017）。因此，监管机制对期货和非期货衍生品的影响可能并不一致。本书将样本分为场内衍生品交易和场外衍生品交易样本并利用模型（6-1）进行回归[①]，以检验金融衍生工具种类是否影响监管机制的治理作用，表6-6和表6-7分别报告了回归结果。数据显示：场外交易组 Mon 系数大多显著为负，三项交互项 MA×Mon×Der 的系数均显著为负，表明对于场外衍生品交易，监管机制的治理效应明显；场内交易中 Mon 系数均显著为负，但 MA×Mon×Der 的系数并不显著为负，表明对于场内衍生品交易，监管机制的反向治理效应不明显。考虑在我国金融衍生工具市场上，场外衍生品主要由远期、掉期和期权构成，而场内衍生品是以期货为主要交易品种，因此上述实证结果也表明监管机制对于场外衍生品交易会产生更明显的治理作用。

表6-6　　　　　　　　　　稳健性检验——场内交易

Panel A：因变量 Risk_ROA

变量	Mon = Analyst	Mon = Media	Mon = Insti	Mon = CG
Der	- 1. 6192 ***	- 2. 1400 ***	- 2. 3505 ***	- 1. 9133 ***
	（- 3. 53）	（- 4. 77）	（- 5. 20）	（- 3. 00）
MA	0. 0138 ***	0. 0149 ***	0. 0145 ***	0. 0095 ***
	（6. 50）	（7. 75）	（7. 31）	（4. 14）
Mon	- 0. 0024 ***	- 0. 0197 ***	- 0. 0157 ***	- 0. 00004 *
	（- 10. 61）	（- 13. 21）	（- 6. 56）	（- 1. 72）

①　本章实证使用的总体样本中有 806 个样本使用远期，509 个样本使用期货，158 个样本使用互换，28 个样本使用期权。期货是场内交易，远期和互换是场外交易，期权交易既可以是场内交易，也可以是场外交易。我国金融衍生工具市场自 2015 年推出首支场内期权，即上证 50ETF 期权，并于 2017 年起陆续推出商品期权等其他场内期权种类。考虑到 2015 年的研究样本并未包含股票期权，故而将期权交易完全纳入场外交易范畴。

续表

Panel A：因变量 Risk_ROA

变量	Mon = Analyst	Mon = Media	Mon = Insti	Mon = CG
MA × Der	5. 8618 *	1. 7389	5. 1456 *	4. 2322
	(1. 91)	(0. 54)	(1. 95)	(1. 42)
MA × Mon × Der	− 1. 1989	− 4. 0089	− 108. 3784	− 1. 5467
	(− 0. 51)	(− 0. 43)	(− 1. 61)	(− 0. 85)
Lev	− 0. 0087 ***	− 0. 0030 *	− 0. 0041 **	− 0. 0088 ***
	(− 4. 80)	(− 1. 87)	(− 2. 50)	(− 3. 45)
Size	− 0. 0034 ***	− 0. 0044 ***	− 0. 0033 ***	− 0. 0019 ***
	(− 10. 77)	(− 15. 62)	(− 12. 56)	(− 4. 96)
Age	0. 0039 ***	0. 0034 ***	0. 0033 ***	0. 0028 ***
	(10. 11)	(9. 56)	(9. 30)	(5. 58)
Tangible	0. 0032 *	0. 00518 ***	0. 0050 ***	− 0. 0012
	(1. 93)	(3. 38)	(3. 24)	(− 0. 53)
Growth	− 0. 0013 *	− 0. 0016 ***	− 0. 0013 **	− 0. 0003
	(− 1. 88)	(− 2. 65)	(− 2. 15)	(− 0. 37)
Top1	0. 0062 ***	0. 00592 ***	0. 0063 ***	0. 0029
	(4. 23)	(4. 40)	(4. 60)	(1. 41)
Soe	− 0. 0024 ***	− 0. 0028 ***	− 0. 0034 ***	− 0. 0031 ***
	(− 4. 79)	(− 6. 05)	(− 7. 41)	(− 4. 55)
常数项	0. 0967 ***	0. 0310 ***	0. 0978 ***	0. 0748 ***
	(14. 19)	(4. 32)	(16. 67)	(9. 41)
N	5 825	7 328	7 328	3 036
adj. R^2	0. 126	0. 127	0. 103	0. 088

Panel B：因变量 Risk_CF

变量	Mon = Analyst	Mon = Media	Mon = Insti	Mon = CG
Der	− 1. 1249 **	− 1. 6960 ***	− 1. 8627 ***	− 1. 9948 ***
	(− 2. 37)	(− 3. 76)	(− 3. 99)	(− 2. 77)

续表

Panel B：因变量 Risk_CF

变量	Mon = Analyst	Mon = Media	Mon = Insti	Mon = CG
MA	0.0159 ***	0.0173 ***	0.0166 ***	0.0117 ***
	(7.45)	(9.03)	(8.45)	(4.73)
Mon	− 0.0035 ***	− 0.0210 ***	− 0.0228 ***	− 0.0001 *
	(− 15.07)	(− 14.02)	(− 9.01)	(− 1.74)
MA × Der	4.7246	1.7458	4.1900	4.4474
	(1.28)	(0.49)	(1.20)	(1.15)
MA × Mon × Der	− 0.7128	− 12.6076	− 77.9248	− 2.4310
	(− 0.25)	(− 1.11)	(− 1.06)	(− 1.07)
Lev	− 0.0109 ***	− 0.0065 ***	− 0.0073 ***	− 0.0103 ***
	(− 6.27)	(− 4.16)	(− 4.59)	(− 4.07)
Size	− 0.0032 ***	− 0.0036 ***	− 0.0025 ***	− 0.0012 ***
	(− 10.19)	(− 12.83)	(− 9.42)	(− 3.13)
Age	0.0054 ***	0.0044 ***	0.0043 ***	0.0041 ***
	(13.56)	(12.17)	(11.85)	(7.83)
Tangible	0.0230 ***	0.0237 ***	0.0237 ***	0.0186 ***
	(14.45)	(16.07)	(15.88)	(7.87)
Growth	− 0.0008	− 0.0011 *	− 0.0008	0.0001
	(− 1.15)	(− 1.85)	(− 1.32)	(0.13)
Top1	0.0092 ***	0.0085 ***	0.0095 ***	0.0062 ***
	(6.00)	(6.12)	(6.67)	(2.82)
Soe	− 0.0034 ***	− 0.0042 ***	− 0.0049 ***	− 0.0046 ***
	(− 6.80)	(− 8.96)	(− 10.39)	(− 6.39)
常数项	0.0912 ***	0.0101	0.0826 ***	0.0618 ***
	(13.64)	(1.40)	(14.29)	(7.70)
N	5 825	7 328	7 328	3 036
adj. R^2	0.202	0.179	0.157	0.144

表 6 – 7　　　　　　　　　稳健性检验——场外交易

Panel A：因变量 Risk_ROA

变量	Analyst	Media	Insti	CG
Der	− 0. 4990 **	− 0. 3456	− 0. 2429	0. 04524
	(− 2. 30)	(− 1. 58)	(− 1. 14)	(0. 14)
MA	0. 0140 ***	0. 0145 ***	0. 0136 ***	0. 0106 ***
	(6. 94)	(8. 17)	(7. 47)	(4. 70)
Mon	− 0. 0024 ***	− 0. 0176 ***	− 0. 0159 ***	− 0. 0001
	(− 10. 95)	(− 13. 28)	(− 6. 92)	(− 1. 16)
MA × Der	0. 6154 **	0. 0990 **	1. 0571 *	0. 1576 **
	(2. 07)	(2. 05)	(1. 88)	(2. 07)
MA × Mon × Der	− 0. 3743 **	− 4. 5531 *	− 17. 1045 **	− 1. 9624 **
	(− 2. 14)	(− 1. 69)	(− 2. 08)	(− 2. 35)
Lev	− 0. 0103 ***	− 0. 0052 ***	− 0. 0061 ***	− 0. 0116 ***
	(− 6. 06)	(− 3. 43)	(− 4. 00)	(− 4. 91)
Size	− 0. 0029 ***	− 0. 0040 ***	− 0. 0028 ***	− 0. 0015 ***
	(− 10. 72)	(− 15. 30)	(− 11. 94)	(− 4. 44)
Age	0. 0039 ***	0. 0033 ***	0. 0032 ***	0. 0028 ***
	(10. 76)	(9. 62)	(9. 36)	(5. 93)
Tangible	0. 0040 **	0. 0065 ***	0. 0061 ***	− 0. 0021
	(2. 52)	(4. 39)	(4. 06)	(− 0. 94)
Growth	− 0. 0014 **	− 0. 0016 ***	− 0. 0012 **	− 0. 0002
	(− 1. 99)	(− 2. 58)	(− 2. 01)	(− 0. 23)
Top1	0. 0067 ***	0. 0061 ***	0. 0062 ***	0. 0027
	(4. 80)	(4. 69)	(4. 67)	(1. 39)
Soe	− 0. 0022 ***	− 0. 0027 ***	− 0. 0032 ***	− 0. 0034 ***
	(− 4. 56)	(− 6. 01)	(− 7. 14)	(− 5. 10)
常数项	0. 0881 ***	0. 0331 ***	0. 0882 ***	0. 0702 ***
	(14. 41)	(5. 26)	(16. 58)	(9. 79)

续表

Panel A：因变量 Risk_ROA

变量	Analyst	Media	Insti	CG
固定效应	控制	控制	控制	控制
N	6 203	7 705	7 705	3 164
adj. R^2	0.131	0.127	0.105	0.104

Panel B：因变量 Risk_CF

变量	Analyst	Media	Insti	CG
Der	− 0.5438 **	− 0.3134	− 0.1707	− 0.3579
	(− 2.43)	(− 1.38)	(− 0.77)	(− 1.03)
MA	0.0159 ***	0.0168 ***	0.0157 ***	0.0128 ***
	(7.75)	(9.32)	(8.52)	(5.30)
Mon	− 0.0034 ***	− 0.0183 ***	− 0.0233 ***	− 0.0002 **
	(− 15.39)	(− 13.42)	(− 9.57)	(− 2.09)
MA × Der	1.7405 **	1.2159 *	1.5232 *	0.4317 **
	(− 2.14)	(− 1.71)	(− 1.80)	(− 2.20)
MA × Mon × Der	− 0.5024 **	− 4.0349 *	− 6.1475 **	− 2.0586 ***
	(− 2.21)	(− 1.79)	(− 2.17)	(− 2.77)
Lev	− 0.0126 ***	− 0.0087 ***	− 0.0093 ***	− 0.0131 ***
	(− 7.58)	(− 5.89)	(− 6.22)	(− 5.55)
Size	− 0.0028 ***	− 0.0032 ***	− 0.0020 ***	− 0.0009 **
	(− 10.24)	(− 12.39)	(− 8.73)	(− 2.57)
Age	0.0053 ***	0.0043 ***	0.0042 ***	0.0040 ***
	(14.10)	(12.23)	(11.91)	(8.01)
Tangible	0.0242 ***	0.0252 ***	0.0250 ***	0.0183 ***
	(16.06)	(17.78)	(17.45)	(8.15)
Growth	− 0.0008	− 0.0010 *	− 0.0007	0.0002
	(− 1.19)	(− 1.70)	(− 1.14)	(0.23)

续表

Panel B：因变量 Risk_CF

变量	Analyst	Media	Insti	CG
Top1	0.0096 ***	0.0087 ***	0.0093 ***	0.0055 ***
	(6.62)	(6.47)	(6.82)	(2.63)
Soe	− 0.0034 ***	− 0.0043 ***	− 0.0048 ***	− 0.0048 ***
	(− 6.94)	(− 9.33)	(− 10.49)	(− 6.82)
常数项	0.0842 ***	0.0160 **	0.0748 ***	0.0588 ***
	(14.00)	(2.50)	(14.23)	(8.13)
固定效应	控制	控制	控制	控制
N	6 203	7 705	7 705	3 164
adj. R^2	0.209	0.182	0.165	0.160

注：*** 、** 和 * 分别表示在 1% 、5% 和 10% 的水平上显著，并使用 Cluster 稳健标准误，括号内为 t 值。

6.5.3　分组回归检验

将总体样本按 MON 是否大于样本中值分成两组（监管水平较高组，High_Mon 和监管水平较低组，Low_Mon），通过分组检验比较两组回归结果的系数是否有显著差异以检验不同监管水平的影响。表 6 - 8 分别报告因变量 Risk_ROA 和 Risk_CF 的分组回归结果。在各列中，MA × Der 的回归系数均为正，且在监管水平较低组表现出更高的显著性水平。对比各分组回归系数是否存在差异，Suest 检验结果显示，MA × Der 变量回归系数组间检验均在 1% 水平上有显著差异，说明管理者能力对金融衍生工具与企业风险关系的作用会受到监管机制强度的影响，即管理者能力对金融衍生工具与企业风险之间的负面影响仅显著存在于监管水平较低的企业，证实前文结论的稳健性。

· 157 ·

表 6 - 8　　　　　　　　稳健性检验——分组回归

Panel A：因变量 Risk_ROA

变量	Mon = Analyst		Mon = Media		Mon = Insti		Mon = CG	
	Low_Mon	High_Mon	Low_Mon	High_Mon	Low_Mon	High_Mon	Low_Mon	High_Mon
Der	-0.3172***	-0.2156***	-0.2314***	-0.3093***	-0.3380***	-0.2133***	-0.3425***	-0.1618
	(-4.62)	(-2.79)	(-3.96)	(-2.72)	(-4.66)	(-2.99)	(-6.23)	(-1.30)
MA	0.0150***	0.0118***	0.0122***	0.0174***	0.0145***	0.01346***	0.0153***	0.0115***
	(6.93)	(3.93)	(5.80)	(5.73)	(6.31)	(5.12)	(7.37)	(3.62)
MA×Der	0.6734**	0.5176*	0.5234**	0.5105	0.8003***	0.4151	0.4635**	1.0682
	(2.52)	(1.86)	(2.46)	(1.37)	(2.69)	(1.62)	(2.10)	(1.32)
Lev	-0.0107***	0.0030	-0.0020	-0.0125***	-0.0158***	0.0042*	-0.0035**	-0.0148***
	(-5.37)	(1.33)	(-1.15)	(-4.43)	(-7.56)	(1.98)	(-2.03)	(-4.97)
Size	-0.0024***	-0.0040***	-0.0037***	-0.0031***	-0.0017***	-0.0039***	-0.0031***	-0.0007*
	(-8.53)	(-9.89)	(-11.30)	(-8.30)	(-5.35)	(-11.98)	(-11.76)	(-1.89)
Age	0.0033***	0.0037***	0.0034***	0.0026***	0.0033***	0.0029***	0.0031***	0.0035***
	(7.54)	(7.11)	(8.15)	(4.71)	(7.50)	(5.66)	(8.13)	(5.26)
Tangible	0.0043*	0.0076***	0.0090***	-0.0003	-0.0027	0.0132***	0.0082***	-0.0050*
	(2.34)	(3.29)	(5.14)	(-0.14)	(-1.45)	(6.38)	(5.02)	(-1.74)

续表

Panel A：因变量 Risk_ROA

变量	Mon = Analyst		Mon = Media		Mon = Insti		Mon = CG	
	Low_Mon	High_Mon	Low_Mon	High_Mon	Low_Mon	High_Mon	Low_Mon	High_Mon
Growth	-0.0010	-0.0017*	-0.0013*	-0.0022**	-0.0012	-0.0017**	-0.0019***	0.0004
	(-1.25)	(-1.86)	(-1.81)	(-2.03)	(-1.40)	(-2.04)	(-2.75)	(0.34)
Top1	0.0050***	0.0063***	0.0072***	0.0049**	0.0058***	0.0067***	0.0060***	0.0028
	(3.22)	(3.08)	(4.62)	(2.31)	(3.49)	(3.62)	(4.13)	(1.14)
Soe	-0.0029***	-0.0032***	-0.0038***	-0.0008	-0.0028***	-0.0034***	-0.0030***	-0.0046***
	(-5.07)	(-4.71)	(-7.15)	(-1.15)	(-5.21)	(-5.03)	(-6.12)	(-4.93)
常数项	0.0854***	0.1031***	0.1015***	0.1031***	0.0751***	0.1032***	0.0943***	0.0502***
	(13.37)	(11.68)	(14.35)	(12.13)	(10.30)	(14.10)	(15.12)	(6.01)
固定效应	控制	控制	控制	控制	控制	控制	控制	控制
N	4 800	3 414	5 579	2 635	4 077	4 137	6 409	1 805
adj. R²	0.121	0.095	0.098	0.159	0.147	0.103	0.104	0.121

续表

Panel B：因变量 Risk_CF

变量	Mon = Analyst		Mon = Media		Mon = Insti		Mon = CG	
	Low_Mon	High_Mon	Low_Mon	High_Mon	Low_Mon	High_Mon	Low_Mon	High_Mon
Der	-0.3196**	-0.1349*	-0.2069***	-0.2657**	-0.2817***	-0.2047***	-0.2518***	-0.3493***
	(-4.48)	(-1.79)	(-3.85)	(-2.17)	(-3.72)	(-2.98)	(-4.31)	(-2.98)
MA	0.0176***	0.0125***	0.0132***	0.0214***	0.0174***	0.0142***	0.0175***	0.0126***
	(7.92)	(4.39)	(6.48)	(6.78)	(7.26)	(5.59)	(8.58)	(3.69)
MA × Der	0.6198**	0.6259*	0.6052**	0.5350	0.9772***	0.3838	1.2123***	0.4840*
	(2.09)	(1.67)	(2.55)	(1.10)	(2.62)	(1.37)	(3.72)	(1.83)
Lev	-0.0150***	0.0011	-0.0043***	-0.0187***	-0.0194***	0.0012	-0.0072***	-0.0174***
	(-7.50)	(0.54)	(-2.63)	(-6.40)	(-9.09)	(0.61)	(-4.28)	(-5.76)
Size	-0.0014***	-0.0038***	-0.0030***	-0.0020***	-0.0010***	-0.0032***	-0.0023***	-0.0002
	(-4.99)	(-9.62)	(-9.45)	(-5.34)	(-3.10)	(-10.07)	(-8.58)	(-0.53)
Age	0.0044***	0.0046***	0.0041***	0.0040***	0.0043***	0.0037***	0.0040***	0.0047***
	(9.63)	(8.84)	(9.86)	(6.73)	(9.20)	(7.49)	(10.33)	(6.60)
Tangible	0.0239***	0.0256***	0.0280***	0.0190***	0.0185***	0.0306***	0.0265***	0.0162***
	(12.96)	(12.48)	(17.21)	(7.47)	(9.64)	(15.78)	(16.97)	(5.58)

续表

Panel B: 因变量 Risk_CF

变量	Mon = Analyst		Mon = Media		Mon = Insti		Mon = CG	
	Low_Mon	High_Mon	Low_Mon	High_Mon	Low_Mon	High_Mon	Low_Mon	High_Mon
Growth	-0.000452	-0.0009	-0.0007	-0.0017	-0.0008	-0.0010	-0.0013*	0.0008
	(-0.58)	(-1.05)	(-0.95)	(-1.50)	(-0.87)	(-1.13)	(-1.82)	(0.75)
Top1	0.0067***	0.0094***	0.0098***	0.0063***	0.0084***	0.0093***	0.0081***	0.0054**
	(4.09)	(4.58)	(6.27)	(2.75)	(4.75)	(5.05)	(5.46)	(1.96)
Soe	-0.0045***	-0.0045***	-0.0055***	-0.0024***	-0.0040***	-0.0055***	-0.0047***	-0.0057***
	(-7.79)	(-6.75)	(-10.16)	(-3.16)	(-7.08)	(-8.06)	(-9.59)	(-5.76)
常数项	0.0682***	0.1020***	0.0901***	0.0857***	0.0625***	0.0926***	0.0798***	0.0413***
	(10.76)	(11.96)	(13.21)	(10.01)	(8.51)	(13.08)	(13.03)	(4.72)
固定效应	控制	控制	控制	控制	控制	控制	控制	控制
N	4 800	3 414	5 579	2 635	4 077	4 137	6 409	1 805
adj. R²	0.171	0.169	0.161	0.201	0.195	0.164	0.156	0.175

注：***、** 和 * 分别表示在 1%、5% 和 10% 的水平上显著，并使用 Cluster 稳健标准误，括号内为 t 值。

6.5.4 解决内生性问题

本书采用 PSM 倾向得分匹配模型和 Heckman 两阶段模型对内生性问题进行控制。

（1）PSM 倾向得分匹配模型。考虑到管理者能力水平的分布方式是内生的，即能力较高的管理者往往更多地受雇管理风险较高的企业。因此，样本自选择性偏差可能导致 OLS 回归结果是不太可靠的。采用 PSM 解决这一问题。首先构造公司管理者能力水平的影响因素模型（6-2），根据该 Logistic 回归估计后的倾向打分配对，并在配对样本的基础上进行模型（6-1）检验。

$$\ln(\mathrm{MA\_Dmy}_{i,t}) = \gamma_0 + \gamma_1 \times \mathrm{Lev}_{i,t-1} + \gamma_2 \times \mathrm{Size}_{i,t-1} + \gamma_3 \times \mathrm{BM}_{i,t-1}$$
$$+ \gamma_4 \mathrm{HHI}_{i,t-1} + \gamma_5 \mathrm{Innovation}_{i,t-1}$$
$$+ \Sigma \mathrm{Firm}_{i,t} + \Sigma \mathrm{Year}_{i,t} + \mathrm{Error}_{i,t} \qquad 模型（6-2）$$

在模型（6-2）中，哑变量 MA_Dmy 为被解释变量，按样本企业 MA 变量值是否大于行业年度中位数值，分别取值为 1 或 0。自变量包括资产负债率（Lev）、账面市值比（BM）、基于销售收入的赫芬达尔指数（HHI）、企业规模（Size）和中国区域创新环境指数（Innovation），模型控制了年度和公司固定效应。

Logistic 回归的 likelihood ratio 和 LR Chi-square 分别为 -4 182.53 和 670.80，且均在 10% 水平上显著，说明模型拟合度较好。根据 Logistic 回归计算出 PS 值，而后采用一对一不放入的匹配方法，在 0.01 的半径内进行配对。按照上述配对方式，最终筛选出 4 672 个年度样本，包括 2 336 个实验组样本（MA_Dmy = 1）和 2 336 个控制组样本（MA_Dmy = 0）。为确保匹配结果的有效性，即匹配后各变量在实验组和控制组的分布是否变得均衡，对匹配结果进行平衡性检验（Balancing Test）和 Hotelling's T^2 检验。

　　表 6 - 9 中平衡性检验的结果显示，进行倾向得分匹配后，匹配变量均值差异检验和中位数差异检验的结果表明每一个匹配变量在实验组和控制组之间的差异均不显著。Hotelling's T^2 检验考察所有匹配变量在两组之间的差异是否联合显著，结果显示 F 统计量均不显著，这说明我们无法拒绝所有匹配变量的均值在实验组和控制组之间都相同的原假设。平衡性检验和 Hotelling's T^2 检验的结果证明倾向得分匹配是有效的。

表 6 - 9　　　　　　　　　　　配对样本的平衡性检验

变量	均值		中位数		单变量检验	
	实验组	控制组	实验组	控制组	均值	中位数
BM	0.6387	0.6432	0.6530	0.6493	- 0.682	0.563
Size	21.9889	22.0343	21.8851	21.8288	1.367	0.129
Lev	0.4657	0.4691	0.4681	0.4756	- 0.575	- 0.691
HHI	0.7642	0.7694	0.8513	0.8499	- 0.785	- 0.379
Innovation	34.8466	35.0378	34.4100	34.4100	- 0.646	- 0.820
Hotelling's T^2	0.650					

注：均值检验和中位数检验分别报告 t 值和 Z 值，Hotelling's T^2 检验报告 F 值。

　　基于 PSM 配对样本，重新对本书的模型（6 - 1）进行了回归。回归结果如表 6 - 10 所示，交乘项 MA × Mon × Der 依然显著为负，表明相对于监管强度较低企业，管理者能力较高企业使用金融衍生工具会增加企业风险，这与本书的研究假说和主检验的结果是一致的。

表 6 - 10 配对样本回归结果

Panel A：因变量为 Risk_ROA

变量	Mon = Analyst	Mon = Media	Mon = Insti	Mon = CG
Der	- 0. 2122 ***	- 0. 1999 ***	- 0. 2237 ***	- 0. 0200
	(- 3. 19)	(- 3. 08)	(- 3. 39)	(- 0. 19)
MA	0. 0151 ***	0. 0165 ***	0. 0164 ***	0. 0112 ***
	(5. 41)	(6. 82)	(6. 62)	(3. 88)
Mon	- 0. 0022 ***	- 0. 0201 ***	- 0. 0114 ***	- 0. 0002 *
	(- 7. 45)	(- 9. 89)	(- 3. 87)	(- 1. 72)
MA × Der	- 0. 9872 ***	- 0. 7166 ***	- 0. 8753 ***	- 1. 0046 ***
	(- 4. 37)	(- 3. 25)	(- 4. 18)	(- 3. 88)
MA × Mon × Der	- 0. 5770 ***	- 1. 1575 **	- 6. 4995 **	- 0. 0796 *
	(- 3. 10)	(- 2. 15)	(- 2. 43)	(- 1. 72)
Lev	- 0. 0094 ***	- 0. 0039 *	- 0. 0049 **	- 0. 0094 ***
	(- 4. 13)	(- 1. 95)	(- 2. 38)	(- 2. 90)
Size	- 0. 0034 ***	- 0. 0044 ***	- 0. 0031 ***	- 0. 0017 ***
	(- 8. 74)	(- 12. 25)	(- 9. 43)	(- 3. 41)
Age	0. 0045 ***	0. 0037 ***	0. 0037 ***	0. 0031 ***
	(8. 70)	(7. 46)	(7. 32)	(4. 41)
Tangible	0. 0055 **	0. 0079 ***	0. 0075 ***	- 0. 0013
	(2. 56)	(4. 11)	(3. 83)	(- 0. 42)
Growth	- 0. 0014	- 0. 0021 **	- 0. 0019 **	- 0. 0012
	(- 1. 42)	(- 2. 44)	(- 2. 21)	(- 1. 40)
Top1	0. 0079 ***	0. 0071 ***	0. 0071 ***	0. 0047 *
	(4. 04)	(3. 95)	(3. 86)	(1. 72)
Soe	- 0. 0034 ***	- 0. 0032 ***	- 0. 0039 ***	- 0. 0046 ***
	(- 5. 25)	(- 5. 32)	(- 6. 45)	(- 4. 79)
常数项	0. 1021 ***	0. 03342 ***	0. 0968 ***	0. 0819 ***
	(11. 37)	(3. 54)	(12. 59)	(7. 51)

续表

Panel A：因变量为 Risk_ROA

变量	Mon = Analyst	Mon = Media	Mon = Insti	Mon = CG
N	3 739	4 672	4 672	1 826
adj. R^2	0.151	0.134	0.114	0.127

Panel B：因变量为 Risk_CF

变量	Mon = Analyst	Mon = Media	Mon = Insti	Mon = CG
Der	−0.1573 **	−0.1442 **	−0.1604 **	−0.0912
	(−2.26)	(−2.27)	(−2.40)	(−0.78)
MA	0.0177 ***	0.0193 ***	0.0191 ***	0.0141 ***
	(6.41)	(8.17)	(7.87)	(4.50)
Mon	−0.0033 ***	−0.0202 ***	−0.0192 ***	−0.0003 **
	(−11.27)	(−10.28)	(−6.18)	(−2.42)
MA × Der	−1.1150 ***	−0.8967 ***	−1.0121 ***	−1.2941 ***
	(−4.93)	(−3.81)	(−4.49)	(−4.43)
MA × Mon × Der	−0.5400 **	−1.7136 **	−5.4584 *	−0.0855 *
	(−2.45)	(−2.36)	(−1.77)	(−1.72)
Lev	−0.0125 ***	−0.0084 ***	−0.0090 ***	−0.0114 ***
	(−5.72)	(−4.37)	(−4.58)	(−3.53)
Size	−0.0034 ***	−0.0038 ***	−0.0025 ***	−0.0013 ***
	(−9.09)	(−10.76)	(−7.79)	(−2.71)
Age	0.0061 ***	0.0047 ***	0.0047 ***	0.0044 ***
	(11.47)	(9.53)	(9.35)	(6.18)
Tangible	0.0248 ***	0.0263 ***	0.0261 ***	0.0183 ***
	(12.45)	(14.35)	(14.07)	(5.88)
Growth	−0.0008	−0.0014	−0.0013	−0.0008
	(−0.79)	(−1.64)	(−1.48)	(−0.84)
Top1	0.0109 ***	0.0097 ***	0.0103 ***	0.0077 ***
	(5.52)	(5.30)	(5.52)	(2.60)

Panel B：因变量为 Risk_CF

变量	Mon = Analyst	Mon = Media	Mon = Insti	Mon = CG
Soe	- 0. 0049 ***	- 0. 0050 ***	- 0. 0057 ***	- 0. 0063 ***
	(- 7. 50)	(- 8. 23)	(- 9. 38)	(- 6. 43)
常数项	0. 1012 ***	0. 02163 **	0. 0865 ***	0. 0747 ***
	(11. 86)	(2. 35)	(11. 76)	(7. 13)
N	3 739	4 672	4 672	1 826
adj. R^2	0. 267	0. 229	0. 212	0. 227

注：*** 、** 和 * 分别表示在 1%、5% 和 10% 的水平上显著，并使用 Cluster 稳健标准误，括号内为 t 值。

（2）Heckman（1979）两阶段回归。采用两阶段回归法来克服是否存在因遗漏变量而引起的内生性问题。参考程等（2017），首先，在第一阶段的模型估计企业对管理者能力选择的 Probit 模型，该模型同模型（6 - 2），即以 MA_Dmy 为因变量，自变量包括企业规模、资产负债率、账面值市值比、基于销售收入的赫芬达尔指数以及中国区域创新环境指数，计算得到逆米尔斯比率（Inverse Mills Ratio，IMR）并作为偏差调整项放入第二阶段回归中；在第二阶段，对加入 IMR 变量的模型（6 - 1）进行回归。

表 6 - 11 报告了第二阶段的回归结果，其中 Panel A 和 Panel B 分别为因变量 Risk_ROA 和 Risk_CF 的回归结果。第一阶段中，Probit 模型的 Likelihood ratio 为 6 196.04，且绝大部分自变量与 MA_Dmy 均显著相关。IMR 系数在 1% 水平上显著负相关，这表明存在选择偏差，应用 Heckman 模型较好地处理了内生性问题。第二阶段回归结果显示，交乘项 MA × Mon × Der 的系数仍是显著为负，证实了结论的稳健性。

表6－11　　　　　　　　　Heckman 两阶段回归

Panel A：第二阶段（因变量 Risk_ROA）

变量	Analyst	Media	Insti	CG
Der	－ 0.2756 ***	－ 0.2823 ***	－ 0.3156 ***	－ 0.1783 *
	（－ 4.50）	（－ 4.94）	（－ 5.38）	（－ 1.81）
MA	0.0168 ***	0.0171 ***	0.0168 ***	0.0116 ***
	（7.32）	（8.50）	（8.22）	（4.61）
Mon	－ 0.0018 ***	－ 0.0161 ***	－ 0.0083 ***	－ 0.0001
	（－ 7.59）	（－ 10.96）	（－ 3.41）	（－ 1.17）
MA × Der	－ 1.0980 ***	－ 0.7907 ***	－ 0.9825 ***	－ 0.9056 ***
	（－ 4.60）	（－ 3.54）	（－ 4.86）	（－ 3.43）
MA × Mon × Der	－ 0.5535 ***	－ 1.0561 *	－ 7.9824 ***	－ 0.0540 *
	（－ 3.10）	（－ 1.92）	（－ 3.15）	（－ 1.84）
Lev	－ 0.0142 ***	－ 0.0088 ***	－ 0.0106 ***	－ 0.0150 ***
	（－ 7.47）	（－ 5.22）	（－ 6.23）	（－ 5.55）
Size	－ 0.0062 ***	－ 0.0073 ***	－ 0.0067 ***	－ 0.0062 ***
	（－ 13.73）	（－ 16.69）	（－ 15.23）	（－ 9.72）
Age	0.0035 ***	0.0030 ***	0.0030 ***	0.0022 ***
	（8.73）	（8.12）	（7.86）	（4.09）
Tangible	0.0035 **	0.0054 ***	0.0049 ***	－ 0.0031
	（2.11）	（3.53）	（3.14）	（－ 1.24）
Growth	－ 0.0006	－ 0.0012 *	－ 0.0008	0.0009
	（－ 0.78）	（－ 1.65）	（－ 1.12）	（0.97）
Top1	0.0072 ***	0.0066 ***	0.0061 ***	0.0050 **
	（4.78）	（4.67）	（4.26）	（2.29）
Soe	－ 0.0022 ***	－ 0.0023 ***	－ 0.0028 ***	－ 0.0032 ***
	（－ 4.27）	（－ 4.76）	（－ 5.78）	（－ 4.23）
lambda	－ 0.0299 ***	－ 0.0299 ***	－ 0.0351 ***	－ 0.0400 ***
	（－ 8.28）	（－ 9.29）	（－ 10.51）	（－ 8.30）

续表

Panel A：第二阶段（因变量 Risk_ROA）

变量	Analyst	Media	Insti	CG
固定效应	控制	控制	控制	控制
常数项	0.1808 ***	0.131 ***	0.1954 ***	0.1950 ***
	(15.03)	(10.62)	(16.90)	(11.93)
N	5 227	6 532	6 532	2 568
adj. R^2	0.154	0.148	0.128	0.125

Panel B：第二阶段（因变量 Risk_CF）

变量	Analyst	Media	Insti	CG
Der	− 0.2384 ***	− 0.2321 ***	− 0.2597 ***	− 0.2684 ***
	(− 3.88)	(− 4.09)	(− 4.45)	(− 2.76)
MA	0.0192 ***	0.0193 ***	0.0189 ***	0.0139 ***
	(8.34)	(9.64)	(9.23)	(5.14)
Mon	− 0.0027 ***	− 0.0162 ***	− 0.0144 ***	− 0.0002 *
	(− 11.11)	(− 10.83)	(− 5.68)	(− 1.94)
MA × Der	− 1.2238 ***	− 0.9322 ***	− 1.1044 ***	− 0.9488 ***
	(− 5.18)	(− 3.94)	(− 5.23)	(− 3.45)
MA × Mon × Der	− 0.5358 **	− 1.7155 *	− 8.6265 ***	− 0.1869 **
	(− 2.50)	(− 1.86)	(− 2.98)	(− 2.01)
Lev	− 0.0178 ***	− 0.0136 ***	− 0.0150 ***	− 0.0178 ***
	(− 9.44)	(− 8.15)	(− 8.84)	(− 6.51)
Size	− 0.0066 ***	− 0.0073 ***	− 0.0066 ***	− 0.0065 ***
	(− 14.42)	(− 16.61)	(− 15.02)	(− 9.86)
Age	0.0047 ***	0.0039 ***	0.0038 ***	0.0034 ***
	(11.46)	(10.07)	(9.83)	(6.04)
Tangible	0.0237 ***	0.0243 ***	0.0240 ***	0.0177 ***
	(14.79)	(16.45)	(16.02)	(7.02)

续表

Panel B：第二阶段（因变量 Risk_CF）

变量	Analyst	Media	Insti	CG
Growth	0.0002	− 0.00003	0.0003	0.0017 *
	(0.23)	(− 0.05)	(0.34)	(1.78)
Top1	0.0098 ***	0.0090 ***	0.0090 ***	0.0075 ***
	(6.25)	(6.17)	(6.10)	(3.22)
Soe	− 0.0035 ***	− 0.0040 ***	− 0.0045 ***	− 0.0048 ***
	(− 6.64)	(− 8.13)	(− 9.15)	(− 6.12)
lambda	0.1923 ***	0.1373 ***	0.2000 ***	0.2079 ***
	(15.81)	(10.97)	(17.22)	(12.22)
固定效应	− 0.0351 ***	− 0.0367 ***	− 0.0407 ***	− 0.0475 ***
常数项	(− 9.63)	(− 11.18)	(− 11.98)	(− 9.31)
	控制	控制	控制	控制
N	5 227	6 532	6 532	2 568
adj. R^2	0.231	0.207	0.191	0.185

　　注：***、** 和 * 分别表示在 1%、5% 和 10% 的水平上显著，并使用 Cluster 稳健标准误，括号内为 t 值。

6.6　小　　结

　　承接上一章思路，本章节进一步关注了公司治理的监管机制对管理者能力风险效应的影响。研究发现：分析师跟进、媒体关注、机构投资者持股比例和内部公司治理水平等监督机制能够削弱管理者能力、金融衍生工具与企业风险之间的正向关系，表明公司治理的监督机制能够有效缓解管理者能力的负面影响。

　　本书的研究结果证实了当管理者行为受到严格的监督和约束，

高管个人偏好的显示和才能的发挥空间会受到影响。在当前资本市场仍有待完善的背景下，通过完善公司治理机制提高高管决策效果是必要且有意义的。就外部治理机制来说，政策制定部门在实践中需要兼顾多元目标。与主要发达国家相比较，中国在市场成熟度和制度背景等方面都存在较大差距，更加需要结合我国转型经济特征和全球加强金融监管的潮流综合考虑，建立起一套符合自身长期发展的监管制度。就内部治理机制来说，相对国企而言，民企金融衍生工具的外部约束机制监管更为宽松，民企应加强内部治理机制建设，降低与管理者能力相关的异质性特征对企业风险管理可能产生的不利影响。这些问题值得未来研究进一步深入探讨。

第7章 案例分析

　　金融衍生工具作为管理风险的天然工具，对于不断参与全球化、国际化发展的中国企业的风险管理，具有不可或缺的作用。因风险而生的金融衍生工具，其自身恰恰又是一项高风险业务。金融衍生工具具有杠杆性、虚拟性和信息不对称等风险特征，同时合约也包含着市场风险、信用风险、流动性风险、操作风险和法律风险等多元的内生性风险。此外，国内企业在从事金融衍生工具业务时，有时也会拥有套期保值、套利、投机等多重的交易目的。"套期保值"与"投机"仅一线之隔，差之毫厘则谬以千里，从而给企业带来不小的挑战。每隔一段时间，都有企业因衍生品交易操作不当而出现巨额亏损。2008年由场外衍生金融工具引发的全球金融危机的阴霾至今仍未散去。

　　本章选取典型企业进行案例研究，从管理者层面分析这些企业运用金融衍生工具的特殊动因以及造成巨额亏损的关键原因。将模型研究与案例研究结合起来，为今后使用金融衍生工具提供经验教训。

7.1 中航油（新加坡）金融衍生工具交易①

7.1.1 案例

中国航油（新加坡）股份有限公司成立于 1993 年，由中央直属大型国企中国航空油料控股公司控股，总部和注册地在新加坡。1997 年亚洲金融危机期间，中国航油母公司委派陈久霖接管中国航油（新加坡）股份有限公司，并先后担任总经理、董事总经理、执行董事兼总裁。在陈久霖的带领下，该公司经营业务由成立之初单一的进口航油采购业务逐步扩展到国际石油贸易业务，并于 2001 年在新加坡交易所主板上市，成立中国首家利用海外自有资产在国外上市的中资企业。2004 年 9 月，公司的净资产已经超过 5 亿美元，是陈久霖接手时的 852 倍，市值超过 11 亿美元，是原始投资的 5 022 倍，一时成为资本市场的明星。中国航油因出色的业绩为公司及其管理层赢来了一连串声誉，被连续两次评为新加坡"最具透明度"的上市公司，公司发展过程被编为案例收入新加坡国立大学的 MBA 课程，同时也曾被中国共产党的机关刊物《求是》杂志作为正面案例探讨中国国有企业的发展方向。2003 年，陈久霖被《世界经济论坛》评选为"亚洲新领袖"（即现在的"全球青年领袖"），同年，荣膺"北京大学杰出校友"。

经国家有关部门批准，中航油（新加坡）2002 年开始进行油

---

① 资料来源：贾炜莹：《中国上市公司衍生工具运用研究》，对外经济贸易大学出版社第 2010 年版。

品期权的套期保值业务来对冲油价波动所带来的大宗商品价格风险。受到交易获利的信心激励，陈久霖擅自扩大业务范围，转而从事投机性石油衍生品期权交易。在 2003 年第三季度前，由于中航油（新加坡）公司对国际石油市场价格判断与走势一致，公司通过购买"看涨期权"和卖出"看跌期权"获得了一定利润。2003 年第四季度，陈久霖预期油价会下跌，因而卖出"看涨期权"，收取了期权费，如果油价真如预期地上涨，这个期权不会被执行。但是，油价的走势却与陈久霖的预期相反，因此中航油（新加坡）很快就在 2004 年第一季度出现了账面亏损。陈久霖不想账面亏损变成实际亏损，而且他预期油价会回落。这时，他的交易对手给了他一个诱人的方案——将期权展期。展期使中航油（新加坡）的账面亏损暂时消失，但随着油价继续上涨，换来的却是更大规模的亏损。经过几次展期之后，中航油（新加坡）最终只能斩仓，亏损达到了 5.5 亿美元。在亏损 5.5 亿美元后，中航油向法院申请破产保护。陈久霖因隐瞒公司巨额亏损而且涉入内线交易等罪被判刑四年零三个月。中航油（新加坡）事件被英国《金融时报》称为自巴林银行倒闭以来新加坡最大的金融丑闻。

7.1.2 案例分析

中航油（新加坡）在金融衍生工具交易过程中，偏离套期保值目标，发生投机交易，最终产生巨额亏损。究其各种复杂原因，主要在于：

1. 公司内部治理缺陷

其一，存在"所有者缺位"。在以产权制度为前提的现代企业制度不完善的情况下，国有企业缺少能够代表企业资产所有者的独立个体，甚至有时由经营者同时充任国有资产的"所有者"代表。通常国有企业盈利时所有者和经营者都可从中获得好处，而亏损后最终由国家、集体承担损失，从而引发了产权理论中所谓的"道德风险"，即产权链中的财产权利实际控制人（内部控制人）在最大限度地增进自身效用时，做出不利于财产权利名义所有人（国家）的行动。

"所有者缺位"下这种不对称的风险激励使得国有企业的经营者具有承担高风险的偏好，从而使得其自身控制风险的动力减弱。具体到中航油事件，金融衍生工具在一定程度上异化为国有资产重新分配的赌博，陈久霖以高达 300 多万美元的年薪被称为"打工皇帝"，而对公司造成的 5.5 亿美元的损失却只能由公司的股东承担。国有企业所有者缺位的严重后果往往是利润或资产的流失及私有化、亏损或债务的国有化及社会化。

中国航油集团是中航油（新加坡）的大股东，本该严格执行国家有关制度规定，严格规范子公司行为，对其进行监控，以确保国有资产保值和增值，但是，限于其固有的效率与决策漏洞，只流于形式上的监管，而无视实质的监控。在出资者监管缺失的情况下，中航油自我评估的缺陷就形成了"自己监管自己"的格局。中航油（新加坡）日常经营话语权基本上落入管理者"一言堂"。2002 年 10 月，集团公司向中航油（新加坡）派出党委书记和财务经理，但原拟任财务经理的人员派到后，被陈久霖以外语不好为由调任旅游公司经理。第二任财务经理则被其安排为公司总裁助理。陈久霖不任用集团公司下派的财务经理，却改聘新加坡当地人担任财务经理，这使得财务经理只听他一人的。事实上，中航油（新加坡）从事以上交易历时一年多，一直未向集团公司报告，集团公司也没有发现，直到保证金支付问题难以解决，经营难以维持下去时，新加坡公司才向集团公司紧急报告，但仍然掩盖详情。

其二，管理者监督和激励机制缺陷。

首先，存在管理者监督机制缺陷。在股权结构安排上，中航油集团一股独大，股东会中没有形成对中航油集团决策有约束力的大股东，众多分散的小股东只是为了获取投资收益，对重大决策基本没有话语权。在中航油（新加坡）公司董事会的组成中，绝大多数董事是中航油集团和中航油新加坡公司的高管，在一些重大决策中，独立董事不能形成对重大决策的制约；在关键职能岗位设置上，董事长由母公司总经理兼任，一直处于缺位状态，使得董事长和总经理分设形同虚设，无法起到制衡作用。中航油（新加坡）公司的权力实际上由陈久霖一手把持。陈久霖以集团副总经理的身份兼任中航油董事和执行总裁，这种"一兼三"的身份格局表明母公司对陈久霖的信任，使其在实质上成为母公司派驻中航油的全权代表和实际监管者。中国航油集团公司派出的党委书记和财务经理都被陈久霖以种种理由隔离于公司业务或转派到下属公司。党委书记在新加坡两年多，竟一直不知道陈久霖从事场外期货投机交易。

其次，存在管理者激励机制缺陷。中国航油集团对中航油（新加坡）总经理陈久霖的激励，采用固定薪酬加税后利润提成的办法。按照约定，除 60 万元新币固定薪酬外，如公司年盈利1 200 万元新币以上则按比例提成 10%。约定并未对利润构成来源等设定任何限定条件，这样必然诱致经营者去寻求最大化利润的短期行为，甚至投机行为。在这种激励机制下，经营者成为公司最大的受益者。经营者只考虑当前赚钱的机会，而对企业自身资源、能力和外部环境的变化以及企业的长期发展问题，一概不顾。这种单一的利润激励机制，必然激励管理者"管盈不管亏"心态。赌赢了，经营者可以从中获得巨额提成；赌输了，国企母公司承担风险与损失。从激励方式来看，中航油激励存在的问题是：激励品种少，对短期激励过度且缺乏延迟支付的约束措施和有效约束投机行为的支付手段，长期激励方式缺乏，没有进行长短期激励方式的配合使用。

其三，内部控制体系存在严重缺陷。2002 年中航油（新加坡）聘请国际知名会计师事务所安永会计师事务所为其制定了《风险管理手册》，设有专门的 7 人风险管理委员会及软件监控系统。手册规定了相应的审批程序和各级管理人员的权限，通过联签的方式降低资金使用的风险；采用世界上最先进的风险管理软件系统将现货、纸货和期货三者融合在一起，全盘监控。同时建立三级风险防御机制，通过环环相扣、层层把关的三个制衡措施来强化公司的风险管理，使风险管理日常化、制度化。由此可见，公司在设计内控时，是花了相当大的精力的。然而，在如何保证实施制度方面，却缺乏应有的措施。内控制度得不到有效执行，形同虚设。中航油风险管理委员会规定，"损失 20 万美元以上的交易要提交给公司的风险管理委员会评估，累计损失超过 35 万美元的交易必须得到总裁的同意才能继续，而任何将导致 50 万美元以上损失的交易，将自动平仓"。《风险管理手册》也明确规定了止损限额为每年 500 万美元。但是 2004 年 3 月 28 日出现 580 万美元账面亏损时，交易员没有果断止损，风险管理委员会主任却建议进行展期。2004 年 6 月，公司因期权交易产生的账面亏损已高达 3 000 万美元，而此时风险管理体系中最应具备风险意识的总裁陈久霖却仍然在通过展期和扩大头寸来掩盖账面亏损。直至损失高达 5.5 亿美元，风险控制程序仍然没有启动。另一方面，中航油公司金融衍生工具交易风险控制结构是"交易员—风险管理委员会—内审部交叉检查—CEO—董事会",虽然在董事会、管理层和操作人员层级设置比较清晰,但是在交易层次只有交易员。因此任由交易员持续卖空 3 个月,直到出现 580 万美元账面亏损才被发现。

正如普华永道的调查报告所指出的,"公司没有专为期权交易制定正当与严格的风险管理程序,管理层也不遵守风险管理政策。在对公司投机性衍生工具交易的风险管理与管制方面,董事会,尤其是审查委员会,都有失职之处";"主要管理者向公司董事会和审计委员会隐瞒期权交易,期权交易导致挪盘,而挪盘又引发更多交易,又导致更多的损失"。同时该报告称,中航油(新加坡)的内部控制体系由部门经理、风险管理委员会和内部审计部三级组成,但"每一级都在本次事件中犯有严重的错误"。

2. 公司外部治理缺陷

国务院发布的《国务院关于进一步整顿和规范期货市场的通知》《期货交易管理暂行条例》以及政府主管部门的行政规章都明确规定企业在境外期货市场只允许进行套期保值,不得进行投机交易,交易总量不得超过现货交易总量,期货交易必须在期货交易所内进行,禁止场外期货交易。

中航油(新加坡)作为一家境外上市的中资公司,且被允许从事石油衍生工具交易业务,中航油(新加坡)在国内主要归证监会直接监管,归国资委间接监管。商务部对从事进出口业务有管理权力;中国民用航空局则决定中航油公司进口航油垄断权。

中航油(新加坡)上市之初就未经证监会批准违规从事期货交易,而证监会并没有处罚;中航油(新加坡)投机原油期权总交易量已经达到其三年实际原油交易量之和的情况，证监会也一无所知；中航油（新加坡）公司不仅石油期货的持仓量高达 5 200 万桶，大大超过现货交易总量，还从事国家明令禁止的卖方期权交易，而且是场外交易，负责对持证国有企业境外期货业务进行监管的证监会却不是在监管过程中，而是在中航油巨额亏损事件揭开之后才发现的。

国资委作为国有资产的出资人，是中航油（新加坡）75%（2004 年 10 月减持后为 60%）国有股份的真正股东，而国资委的监管，是通过对集团公司，也就是所属的中央企业来进行间接监管。中航油（新石油）从事石油衍生工具投机是明显的违规行为，而母公司对其放之任之；中航油（新加坡）投机失利回京求助，母公司亦未当即勒令其斩仓，而是将错就错，一度支持纵容。

在中航油（新加坡）事件中，无论是新加坡监管机构、市场投资者，还是国内监管机构均未能在中航油报告之前发现其期货期权交易亏损。在中航油（新加坡）已报告亏损请求援助的情况下，中航油集团竟然违背新加坡当地的监管规则，隐瞒真相，在德意志银行的保荐下提前向机构投资者配售 15% 的股票。中航油（新加坡）事件发生后，国资委、证监会等部门都是在事件被揭开之后发现问题的，而不是在监管的过程中发现，由此可见，我国上市公司的监管存在一些问题。

7.2 巴林银行金融衍生工具交易[①]

7.2.1 案例

巴林银行成立于 1763 年，由一家小规模的家族银行发展成为一个业务全面的银行集团。截止到 1993 年底，全部资产总额为59 亿英镑，1994 年税前利润高达 1.5 亿美元。1995 年 2 月 16日，英格兰银行宣布：巴林银行因发生 8.6 亿英镑的巨额亏损申请资产清理，10 天后巴林银行以 1 英镑的象征性价格被荷兰国际集团收购。造成巴林银行倒闭的直接原因是巴林银行新加坡分行期货与期权交易部门经理尼克·李森在衍生品交易中造成 13 亿美元巨额亏损。

李森担任巴林银行驻新加坡巴林期货公司总经理、首席交易员期间，以稳健、大胆著称，曾在日经期货合约市场上被誉为"不可战胜的李森"。1994 年下半年，李森预期日本股市会因为日本经济逐渐走出衰退而迎来大涨趋势。于是大量买进日经 225 指数期货合约和看涨期权。然而，事与愿违，1995 年 1 月 16 日，日本关西大地震，股市暴跌，李森所持多头头寸遭受重创，损失高达 2.1 亿英镑。即使在交易失败后仍注入更大的赌注以期弥补前期交易损失。李森再次大量补仓日经 225 期货合约和利率期货合约，头寸总量已达 10 多万手。然而，在期货合约的"杠杆效

[①] 资料来源：尼克·李森：《我如何弄垮巴林银行》，中国经济出版社 1996年版。

应"下，假若日经 225 指数跌至 18 500 点以下，每跌一点，李森所在的巴林期货公司所持头寸就要损失 200 多万美元。"事情往往朝着最糟糕的方向发展"。但与李森的预测相反，日经指数在小幅反弹后一路下跌，跌至 17 000 点以下。2 月 24 日，当日经指数再次加速暴跌后，巴林期货公司的头寸损失，已接近其整个巴林银行集团资本和储备之和。融资已无渠道，亏损已无法挽回，李森畏罪潜逃。

巴林银行面临覆灭之灾，银行董事长不得不求助于英格兰银行，希望挽救局面。然而这时的损失已达 14 亿美元，并且随着日经 225 指数的继续下挫，损失还将进一步扩大。因此，各方金融机构竟无人敢伸手救助。1995 年 2 月 27 日，英国中央银行宣布，英国商业投资银行——巴林银行因经营失误而倒闭。消息传出，立即在亚洲、欧洲和美洲地区的金融界引起一连串强烈的波动。东京股市英镑对马克的汇率跌至近两年最低点，伦敦股市也出现暴跌，纽约道琼斯指数下跌了 29 个百分点。

7.2.2 案例分析

巴林银行倒闭主要是由于李森以赌博的方式不恰当地利用期货"杠杆效应"，最终造成巨额亏损所致，公司内部治理缺陷是造成这一"奇迹"的关键原因。

其一，存在市场风险管理缺陷。市场风险是因市场价格变动而导致表内外头寸损失的风险。商业银行利用金融衍生工具进行投机，一旦市场波动方向与预期相反，银行就会遭受损失，且市场风险的大小取决于交易头寸大小，头寸越大，风险也就越大。加上金融衍生工具名义合同金额远远大于银行所投入的交易资本额，使得损失会成倍扩大。对市场走向的判断出现偏差是难以避

免的，关键在于风险部门如何将风险控制在可承受范围内。巴林
银行在市场风险管理方面，存在重大失误：

一是缺乏有效的风险管理机制。风险管理部门没有控制前台
的交易头寸，导致李森不断增资，损失不断扩大。在李森违规操
作两年多的时间里，巴林银行总部内部审计机构未能严格执行审
慎审查。例如，巴林银行案件的一个关键线索是巴林银行伦敦总
部向其新加坡分行提供的巨额资金的去向，实际上该笔资金转移
是李森用来拆东墙补西墙的伎俩。然而监督部门并未对这笔资金
的去向和用途函证其真实性，只是简单采信该笔资金是应客户要
求的付款。

二是不相容职务未进行分离。按照岗位分离原则，交易和清
算属于不相容岗位，而在新加坡巴林银行，李森既是首席交易员，
又负责清算工作，这样在清算交易时很容易隐瞒交易风险和损失。
最终使得新加坡分行的业务完全操纵在李森一人手里，为其舞弊
交易提供了便利。

三是巴林银行没有采用有效的风险测量方法。李森所构建的
期货组合主要由 70 亿美元的日经指数期货多头和 197 亿美元的日
本国债期货空头构成，而日经指数和日本国债负相关，很显然这
一组合不同于用于减小风险的对冲，而是放大了风险。而巴林银
行未采用有效的风险测量方法，在其官方报告中显示这一投资组
合的风险为 0。在巴林银行倒闭之前，对金融风险的认识尚停留
在对信用风险、市场风险等单一风险的关注。金融风险是由信用
风险、市场风险、操作风险共同作用造成的，巴林银行事件引起
了对操作风险量化的深入探讨。

其二，管理者激励机制缺陷。金融机构一般都会以毛利率的
一定比例作为奖金发放给业务人员作为激励。通常这个比例会比

其他行业要高，但是巴林银行的奖金比例高达50%，远远超出了平均水平。在动辄上千百万的金融交易中，无疑刺激了业务员进行高风险操作获取高额回报，而忽视投机行为背后的高风险可能带来的后果，置公司利益于不顾。

7.3　航空公司航油金融衍生工具交易[①]

7.3.1　案例

2008年，国内航空业的业绩实现遭遇到严重挑战。在下游销售上，航空业受到南方地区雨雪冰冻灾害、奥运期间安保措施以及次贷危机的冲击；上游国际油价的节节攀升也给航空公司造成巨大压力，2008年初油价突破100美元/桶，7月份更是报收147.27美元/桶。由于高油价和市场低迷的前后夹击，2008年航空业平均利润率急剧下滑。根据中国国航、东方航空和南方航空三家公司财务报表显示，即使排除金融衍生工具的亏损，中国国航和东方航空的净利润仍较2007年下降53.73亿元和80.14亿元。

航油是航空公司仅次于劳动力成本的第二大成本项目，占航空公司运营成本的40%以上。对中国国航在2006～2008年油料价格风险进行敏感性分析，在摒除其他变动影响的基础上，当航空油价价格每吨上升0.1万元时，会导致当年税前利润分别减少

---

① 窦登奎：《我国上市公司运用金融衍生工具套期保值的实证研究》，西南财经大学博士论文，2011年。

25.90 亿元、27.65 亿元和 30.83 亿元。"向风险管理要效益"成为航空公司提高业绩水平的突破口。中国国航、东方航空和南方航空这三家国内航空公司期望通过运用航油期权交易来规避国际航油价格波动风险和锁定燃油成本，从而为完成经营绩效提供保障。

然而在实际交易中，这三家公司不但没有能够实现风险规避和业绩提升目标，反而因燃油衍生品合约产生巨额损失，企业经营面临更大风险。以中国国航、东方航空和南方航空 2008 年年报的数据显示，包括航油期权在内的金融衍生工具交易累计导致净亏损 279 亿元，约占全球航空业亏损总额的 48%（见表 7 - 1）。

表 7 - 1　国航、东航和南方航空金融衍生工具使用效果比较　单位：元

企业名称	股票代码	年度浮亏	金融衍生工具类型
中国国航	601111	- 7 922 453 000	航油期权、利率互换、远期外汇
东方航空	600115	- 6 501 336 000	利率互换、远期外汇、航油期权
南方航空	600029	116 000 000	远期外汇合同、航油期权

7.3.2　案例分析

通过对中国国航、东方航空和南方航空金融衍生工具交易分析，导致交易失败的主要原因包括：

1. 交易偏离套期保值目标，金融衍生工具充当投机手段

根据美国商品期货交易委员会（CFTC）的定义，企业金融衍生工具使用目标应是"锁定企业能够或愿意承受的成本或利润"。从国际经验看，订立套期保值合约以平抑油价波动风险已经成为

航空公司普遍采取的策略。美国西南航空公司是美国第二大航空公司，是美国唯一一家自1973年以来每年都盈利且利润增长率最高的航空公司。从表7-2可以看到公司利用金融衍生工具所获得的套期保值收益从2004年开始占据其税前收益的大部分，在2005年甚至超过了其税前收益，这一数据意味着如果西南航空公司没有对其燃料成本进行风险转移，那么其在2005年就已经产生亏损。

表7-2　　　　　　　　美国西南航空公司航油期权收益

年份	2001	2002	2003	2004	2005	2006	2007
税前收益（百万美元）	631	417	483	554	779	790	1 058
套期保值收益（百万美元）	80	45	171	455	892	634	686
套期保值收益/税前收益（%）	12.68	10.79	35.4	82.13	114.51	80.25	64.84
净利润（百万美元）	511	241	442	313	484	499	645

　　航空企业风险管理目标在于控制本集团营运所产生的航空油料价格风险，旨在通过航油期权交易应对航空油料价格突然及大幅度上升，为本集团提供稳定航油成本的保障。为实现风险管理目标，中国国航、东方航空和南方航空的金融衍生工具交易都包括了复杂期权，在获批限额内与经批准的对手进行交易。航空公司作为原油的消费方，为了转嫁油价上涨风险，通过买入看涨期权就可以达到套期保值的效果。但是航空公司在使用的复杂期权中嵌入了卖出看跌期权。买入期权能够达到套期保值效果，但是

卖出期权却让金融衍生工具沦为投机套利。这是因为，买入期权者的最大损失是期权费用，而卖出期权者因为得到了期权费用，将承担起违约责任，其风险暴露是无限大的。因此，购入复杂期权的真实意图是利用卖出看跌期权获得的期权费冲减部分买入看涨期权的期权费。

中国国航在 2008 年 11 月 22 日有关燃油套保的提示公告中称，"本公司为套期保值的目的与若干对手方订立燃油保值合约，其经济实质相当于约定在合同期间：本公司有权以约定价格按照事先确定的周期从对手方买入一定数量的燃油；同时，对手方也有权以约定价格按照事先确定的周期向本公司卖出一定数量的燃油。"根据其年度财务报告中航油衍生合同资产方远小于负债方来判断，持有的卖出看跌期权头寸，要远远大于买入看涨期权。在合约订立当时，国际油价处在高位，且市场普遍预期油价将继续走高，国航不想支付昂贵的期权费，于是通过卖出看跌期权来获得一定的行权费，但是也为自己留下了风险敞口。正是由于卖出看跌期权，使它的衍生工具操作变质为投机套利。

在其他变量恒定的假设下，截止到 2008 年 12 月 31 日，航油价格上升或下降 5% 时，该公司持有的航油衍生工具公允价值的变动对当年税前利润产生的影响为 75 939.2 万元或 −83 496.9 万元。2008 年 7 月以后国际油价的急剧滑落使得公司油料期权合约出现公允价值亏损，对当期业绩造成重大影响。2008 年 12 月 31 日纽约商品交易所 WTI 原油的收盘价为 44.60 美元/桶，12 月份的均价为 42.04 美元/桶。航油衍生合同油料套期公允价值损失 74.72 亿元，油料套期已实现交割损失 4.48 亿元。从中国国航 2006 年以来的航油套期期权业务来看，2006 年套期保值收益 11 322.4 万元，2007 年套期保值收益 23 594.4 万元，2008 年套期保值损失 815 483 万元，足可见因衍生品交易导致损益波动剧烈。

东方航空金融衍生工具交易中采用卖出期权。东方航空的2007 年报显示，"需以 50 美元/桶 - 95 美元/桶买入航油 798 万桶，并以 43 美元/桶 - 115 美元/桶的价格出售 230 万桶，合约2008 ~ 2009 年到期"；2008 年中报显示，"需以 62.35 美元/桶 - 150 美元/桶的价格买入航油 1 135 万桶，并以 72.35 美元/桶 - 200 美元/桶的价格出售 300 万桶，合约 2008 ~ 2011 年到期"。东方航空的结构性期权合约包括三种期权买卖，以第二份合约为例：买入看涨期权——若油价高于 150 美元/桶时，可以行权以每桶 150 美元买入 1 135 万桶；卖出看跌期权——若油价低于 62.35美元/桶时，若交易对手行权，东方航空必须选择以 62.35 美元/桶的价格购买原油；卖出看涨期权——若价格高于 200 美元/桶，若交易对手行权，东方航空必须选择以 200 美元/桶的价格购买其原油。正是由于卖出看跌期权，导致东方航空 2008 年的衍生工具巨额亏损。

南方航空公司也存在偏离套期保值目标的情形。在 2008 年半年报中显示，企业"有权以每桶 66 美元至 73 美元的价格购买原油 25 万桶……；本集团向经批准的对手售出燃油认沽期权合约，于 2008 年 6 月 30 日尚未交易的期权合同约为 250 000 桶，其期权合约价格约为每桶 65 美元及低于 65 美元。"这表明南方航空公司也曾经持有无法达到套期保值功能的卖出看跌期权。只不过幸运的是，南方航空公司的航油期货头寸非常少，且认沽期权在 2008年 7 月因期满交割而避免了更大的亏损。表 7 - 3 和表 7 - 4 分别表示航空公司金融衍生工具运用的规模和效果。

表7-3　国航、东航和南方航空的金融衍生工具运用的规模 单位：万元

项目		2007 年	2008 年	2009 年	平均值
中国国航	金融衍生资产	649	25 341	0	8 663.333
	金融衍生负债	1 483	772 792	227 463	333 912.667
	差额	-834	-747 451	-227 463	-325 252.3
东方航空	金融衍生资产	9 555	12 400	349	7 434.667
	金融衍生负债	4 180	664 160	112 963	260 434.333
	差额	5 375	-651 760	-112 614	252 999.667
南方航空	金融衍生资产	200	0	0	66.667
	金融衍生负债	500	11 600	4 400	5 500
	差额	-300	-11 600	-4 400	5 433.333

　　资料来源：贾炜莹：《衍生工具运用造成的经营业绩波动性——以我国四家航空公司为例》，载于《财会月刊》2012 年第 1 期。

表7-4　国航、东航和南方航空的金融衍生工具使用及损益 单位：亿元

项目		2007 年	2008 年	2009 年	平均值
中国国航	公允价值变动净收益	1.338	-81.548	27.596	-17.538
	利润总额	50.45	-108.52	53.15	-1.64
	公允价值变动净收益/利润总额	2.65%	75.15%	51.92%	43.24%
东方航空	公允价值变动净收益	0.840	-64.010	37.747	-8.47433
	利润总额	7.25	-139.85	6.4	-42.0667
	公允价值变动净收益/利润总额	11.58%	45.77%	589.80%	215.72%

续表

	项目	2007 年	2008 年	2009 年	平均值
南方航空	公允价值变动净收益	0.23	−1.13	0.72	−0.06
	利润总额	28.49	−47.48	4.57	−4.80667
	公允价值变动净收益/利润总额	0.81%	2.38%	15.75%	6.31%

资料来源：贾炜莹：《衍生工具运用造成的经营业绩波动性——以我国四家航空公司为例》，载于《财会月刊》2012 年第 1 期。

2. 金融衍生工具选择不当，保值方向不清

这三家航空公司在金融衍生工具交易中都使用了复杂期权。对于投行来说，出于逐利动机，更愿意销售结构复杂的金融衍生工具。因为简单金融衍生工具合约一般都是标准化的，而且价格透明、竞争激烈，因此利润微薄。而复杂金融衍生工具的期权和期权展期在公开市场没有统一定价，具有信息和经验优势的投行掌握着定价的主动权，因而利润非常丰厚，投行也更愿意销售这类金融衍生工具。由于国内企业不熟悉复杂金融衍生工具的结构和估值，低估了潜在风险，误选复杂金融衍生工具进行套期保值。例如，东方航空的航油期权合约，就附加了一个展期条款：在三项式期权合约结束时，高盛有权决定是否执行展期合约。这个展期部分没有任何套期保值功能，对东方航空只是义务，对投行而言则是一项权利。正是由于企业缺乏通晓金融衍生工具的专业人才，因此任国际投行宰割，倾销高风险金融衍生工具。

毫无例外，这三家航空公司在金融衍生工具交易中更多地使用场外金融衍生工具品种。相较而言，场内金融衍生工具具有条款标准化、定价简单、信息不对称程度低、流动性高因而易于平

仓等优点。因此，只要场内金融衍生工具能够满足企业套期保值需求，则尽可能使用场内交易。对于场内金融衍生工具无法满足的特殊、复杂、高端的风险管理需求，而企业又无信息优势进行定价时，可以利用卖方之间相互竞争来保护自己，比如让投行和银行设计简单方案并竞争报价，这样既可限制过度使用复杂衍生工具，又可避免过度定价亏损。

3. 内控体系不健全

仅有一般的金融风险管理制度，尚未建立金融衍生工具交易的专项内控制度。因为金融衍生工具与一般金融工具的风险特征差异性很大，一般金融风险管理制度或内部控制体系无法满足金融衍生工具风险控制的需要。虽然有些企业在形式上建立了专项内控制度，但仍未起到风险控制的作用。这些企业内控机制的局限性主要表现在：

其一，未建立内控体系层级之间的授权、审批制衡机制。一个完整有效的金融衍生工具内控体系至少应包括董事会、管理层（风险管理委员会）、业务部门三个层级，每个层级设置相应的权限和职责。东方航空等公司虽然设立了金融风险管理委员会、风险管理小组等机构，但缺乏董事会和监事会的审批与监督等制衡机制。金融风险管理委员会多由管理层组成，管理层的薪酬与经营业绩紧密挂钩，而与风险管理关系并不密切，在经营业绩与考核目标差距较大时，管理层自然有可能出于自利动机，投资金融衍生工具提高经营业绩。董事会仅在每年 1 月和 7 月份听取金融风险管理委员会汇报风险管理工作，毫无制衡机制。

其二，未建立操作层面上岗位间的监督制衡机制在金融衍生工具交易的操作层面上，应该设置前台交易、中台控制、后台清算岗位，确保岗位分离、权责明确，各个岗位人员能够各司其职又可互相制约。反观我国一些企业，或者没有实施岗位分离，或者虽然实施岗位分离，却无有效制衡机制。例如，从形式上看，东方航空意识到了金融衍生工具交易操作人员需要互相监督，因此在业务操作上也有制衡机制，设置了前台交易员、中台风险控制员和后台复核清算员三个岗位。"交易员根据年度工作目标，跟踪、分析、判断市场，提出交易方案，将交易方案提交风险控制员审批。风险控制员则在收到方案后，独立评估交易合规性和风险程度，评估交易对手，建立交易对手的信息档案和内部评级标准，检查累计交易敞口金额是否在限额内，然后上报金融风险管理委员会或其授权批准人员，由其决定是否交易，并与交易对手确定交易细节等。交易员再严格根据授权范围进行交易，并将交易细节告知交易批准人员、风险控制员和复核清算员。复核清算员独立于交易和入账人员，不进行任何交易操作和入账处理，其职责为复核交易证实书与交易委托书是否一致，并将交易证实书与交易委托书编号存档，编制交易清单和交割明细表，复核相关交割单据，并与会计部账务处理人员对账，保证每笔交易的损益都及时准确入账。"然而，交易员、风险控制员和复合清算员都属于财务会计部，由于长期形成的利益和情感关系，根本无法独立地审核、控制和判断。

其三，缺乏实时监控和有效沟通的信息渠道和机制。金融衍生工具交易市场具有波动快且范围大的特点，因此需要实时监控以及快速反馈的信息渠道。但是，大部分企业风险管理机构层级之间的沟通周期太长，而且往往是单向沟通。例如，中国国航金融衍生工具的最高领导机构为审计和风险管理委员会，该机构在2008年总共举行了7次会议中仅有一次会议主题与衍生工具套期保值有关，由此可见风险管理委员发挥的风险控制作用非常有限。

其四，投机亏损未能采取有效应对措施。企业偏离套期保值目标，运用金融衍生工具进行投机套利，却没有制定相应投资策略和操作纪律。在出现极端情况时，未果断止损，反而继续扩大仓位寄希望于形势反转，也是导致亏损加重的重要原因。例如，中国国航在现货价格跌破卖出看跌期权的执行价格之后，还是可以及时采取措施补救的。补救的措施包括可以再以一个合适的执行价格买入一个看跌期权，用来对冲其卖出看跌期权的风险。但中国国航管理层期望扳回损失，错失了挽救的机会。需要注意的是，如果企业运用金融衍生工具套期保值，则即使出现极端情况也无须在金融衍生工具上止损。因为金融衍生工具上的亏损会在基础资产上的盈利得到弥补，仍然可以达到锁定成本或利润的目标。

7.4　小　　结

通过上述典型企业案例分析，总结出一些运用金融衍生工具套期保值的注意事项：

（1）明确套期保值目标。企业必须明确运用金融衍生工具套期保值的目标是有效地锁定成本和规避风险，避免将金融衍生工具定位为"投机盈利"产品。选择套期保值为目标，企业就要挑选与主业经营密切相关、符合套期会计处理要求的简单金融衍生工具来对冲相关的外汇风险、利率风险、商品价格风险、信用风险，避免从事风险及定价难以认知的复杂业务。为了达到有效套期保值目标，套期保值衍生工具在套期开始及以后期间，需要高度有效地抵销被套期风险引起的公允价值或现金流量变动，套期的实际抵销结果在 80% ～125% 的范围内为最有效。这样企业就可以将即期价格与履约价格的差价作为锁定风险的成本处理，而不是损益处理，也就不会存在只能盈不能亏的心理。因为即使金融衍生工具发生账面浮亏，套期保值还可以给企业带来"减少预期税收、降低财务困境成本、避免投资不足以及降低委托代理成本"等隐性效用。

（2）建立有效的金融衍生工具交易专项内控制度。要建立有效的衍生工具交易专项内部控制制度，需要分别从董事会/专门委员会、管理层、业务部门三个层面设置相应权限与职责，建立科学的审批流程，对金融衍生工具套期保值业务进行管理与监控，除此之外，最好聘请独立的外部专业机构对套期保值业务的管理与控制进行定期的内部审计。董事会需对衍生工具套期保值的方针计划、规章制度、组织机构等重大事项进行审议决策，听取风险评估报告，决定应对风险的重大措施。董事会还应下设专门委员会对衍生工具种类选择、授权权限、交易头寸、投资盈亏、止损限额等情况进行认真审核。管理层需在开展衍生品业务前，对主要条款、操作必要性、准备情况、套期风险、风险管理策略、公允价值分析及会计核算方法等进行详细分析，获得董事专门委员会意见后，方可实施操作。在业务部门，最好在不同部门设置交易员、风险控制员和复核清算员岗位，形成独立审核、控制和判断的制衡机制。可以效仿西方企业，设立专业的、独立的、在必要时可以越级向最高决策层直接汇报的现场交易监督者，以达到制衡作用。

（3）企业应该加强对交易员的监督和控制。除了实行严格的授权审批制、限额控制制度和不相容职位分离制度外，还应加强对交易员的盈利和现金流数据的现场监控，最好实行定期轮换制度，以降低违规行为被长期隐藏的可能性。在执行金融衍生工具交易时，要注意对金融衍生工具交易进行事前、事中、事后的全程管理，层级之间要及时反馈与沟通。企业应该建立有效的内部报告系统，及时向董事会和管理层提供关于衍生工具价值和风险的信息。高级管理人员每天都应了解金融衍生工具的头寸和损益情况。可以借鉴学习摩根大通银行的"415 风险管理系统"，即每天下午 4 时交易结束后的 15 分钟内，整个银行在全球各地机构的交易量与风险的总结必须放在 CEO 桌上。

（4）善用套期保值替代策略。套期保值活动并不仅仅局限于使用表外金融衍生工具，对由于行业规定无法运用金融衍生工具，或出于金融衍生工具启动成本较高考虑的企业，还可以选择融资策略和经营策略对其进行替代和补充。融资策略可通过资产与负债的匹配，使之不受价格风险的影响。经营策略可通过兼并外国企业和在国外建立工厂等达到对冲风险的效果。例如，中兴通讯在对外汇进行头寸管理时，按照收支两条线对币种和金额进行匹配来对冲汇率风险；对于无法匹配的外汇头寸，再根据外汇头寸期限选择不同比例的衍生产品锁定外汇汇率。中海集运也注意尽可能通过外币借款、及时结汇等措施改善外币货币性资产的结构，形成对外汇衍生工具的有效补充。对于因利率变动引起的固定利率应付债券及浮动利率银行借款等相关利率风险，中海集运也能通过固定利率与浮动利率的债务组合进行利息成本的管理。

第8章 结论、政策建议及研究局限

8.1 研究结论

本书以中国 A 股非金融上市公司 2008～2019 年的数据为研究样本，实证研究了管理者能力对金融衍生工具使用与企业风险关系的影响，以及管理者能力效应的作用条件和传导机理。结合国外的研究及中国的国情，本书采用德莫里安等（2012）方法测度管理者能力，采用两个变量来衡量金融衍生工具的使用情况，其一是"上市公司是否使用衍生金融工具进行风险管理"的哑变量来衡量，如果上市公司使用期货、远期、互换（掉期）或期权等任何一种或几种衍生金融工具进行套期保值，则该变量取值为 1，否则为 0；其二是"上市公司当年持有的金融衍生工具平均公允价值与总资产的比值"来衡量，该比例越高，说明金融衍生工具使用程度越高。

本书试图通过研究回答如下问题：第一，我国上市公司从事金融衍生工具交易的过程中具备哪些特征？第二，中国上市公司的金融衍生工具使用产生怎样的经济后果？第三，管理者能力特征如何影响企业金融衍生工具使用及其经济后果，如何理解其作用条件和传导机制？

为了回答上述问题，本书主要从三个方面进行了研究：第一，从金融衍生工具持有目的、交易类型和交易品种，企业特征和行业特征等方面阐述我国上市公司使用金融衍生工具的交易状况。第二，基于高层梯队理论、委托代理理论和信息不对称理论，实证检验中国上市公司金融衍生工具使用与企业风险之间的关系，以及管理者能力高低对两者之间关系的影响，并进一步从股权结构和信息不对称程度理解管理者风险效用发挥的作用条件和作用机理。考虑到以前的实证研究多是从管理者背景特征衡量管理者能力，因此本书还从 CEO 年龄、性别和职业背景等维度考察管理者特征如何影响金融衍生工具使用与企业风险关系。第三，检验公司治理的监督机制对管理者能力作用发挥的影响，分别从外部公司治理的监督机制（分析师跟踪、媒体关注、机构投资者持股）和内部公司治理的监督机制（内部公司治理水平）考察监督机制的调节作用。从整体上来看，形成了"影响因素（管理者能力）—行为（金融衍生工具使用）—经济后果（企业风险）"这一完整的研究路径。

本书的主要研究结论如下：

（1）中国上市公司在金融衍生工具使用上呈现出如下特征：第一，利用金融衍生工具规避金融风险已经逐渐成为管理层的共识，同时上市公司对使用金融衍生工具仍旧持较为谨慎的态度，表现为金融衍生工具的头寸水平较低；第二，各行业在金融衍生工具的使用上差异很大，逾 75% 的使用企业属于制造业；第三，外汇类金融衍生工具交易是最常使用的交易类型，其他其次为商品类、利率类和权益类金融衍生工具交易，而且利率类和外汇类金融衍生工具交易发展最为迅速；第四，金融衍生工具使用品种单一，而且在各交易类型中的分布很不均衡。近 84% 的合约品种为外汇远期和商品期货；相对于场内衍生品交易，更多企业在从事场外交易。

（2）金融衍生工具使用与企业风险之间呈显著负相关关系，且两者负向关系更少地出现在管理者能力更高的企业，表明管理者能力对金融衍生工具使用与企业风险关系存在负面影响，管理者能力较高企业在金融衍生工具使用上的投机行为更为明显。实证结果支持了"管理者寻租观"假说，有能力的管理者偏好更具风险性的交易活动，以实现自利目的。管理者自由裁量权是管理者能力影响的作用条件，管理者能力影响大小会受到股权集中度和信息透明度的影响。

（3）公司治理的监督机制能够有效缓解管理者能力的负面影响。表现为，分析师跟进、媒体关注、机构投资者持股比例和内部治理质量等监督机制能够削弱管理者能力、金融衍生工具与企业风险之间的正向关系。表明严格监管能够对金融衍生工具交易形成制度保证，企业会更加规范和审慎从事金融衍生工具交易，这有利于减少管理者投机套利行为；公司治理能够限制管理者自由裁量权的大小，当管理者的决策选择受到制度环境制约时，管理者个人特征对企业决策及其后果的影响将被削弱。

8.2 政策建议

根据研究结果，我们提出如下政策建议：

（1）构建良好的公司治理机制，完善金融衍生工具交易的外部监督机制。随着我国法制建设进程的加快及市场化进程的逐步深入，我国企业正在逐步建立和完善现代企业制度，从西方引进的公司治理模式也逐步被我国企业所采用，但不可否认的是，公司治理结构在不少公司里只是徒有其表，并未能够真正解决我国企业几十年以来所形成的诸多弊病。因此，必须建立真正有效的治理机制，以便及时、有效地发现并制止因管理者自利所导致的错误决策行为。另外，需要加快制定和发布对衍生金融交易的监管条例和指导意见，以完善对金融衍生工具交易的外部治理机制。外部监管有助于防范管理者过度风险投机，必须进一步完善金融衍生品交易的监管，特别是对场外、复杂衍生品（如场外汇率、利率期权等）。外部监管能够有效减少管理者"投机"或"渎职"行为，当外部监督机制缺失时，管理者使用金融衍生工具的动机会更大程度地受到内部公司治理水平的影响。通过完善公司治理机制，充分发挥管理者个人特征优势，同时采取有效措施约束和避免管理者个人特征对企业风险管理能力可能产生的不利影响。然而，我国的相关外部监督制度是非常缺失的，尤其是在非国有企业，这些都有待于未来进一步的完善。

（2）加强风险管理意识，培养国际化金融衍生工具人才。发展金融衍生工具实质上是发展避险工具，为此需要加强企业（尤其是管理者）适度使用金融衍生工具进行避险的风险管理意识。实现这一目标的关键是需要将管理者利益与股东财富更好地结合起来，实现风险管理过程中股东财富最大化和管理者效用最大化的双赢。应当建立全面风险管理体系，同时，监管者应当约束企业运用金融衍生工具进行风险管理而不是投资获利。此外，大力培养高水平的金融衍生工具设计人员、研究人员和交易人员对于中国金融衍生工具市场积极健康的发展也是十分重要的。

（3）规范上市公司风险披露原则，提高金融衍生工具信息披露质量。尽管 2007 年的《企业会计准则》对企业的金融衍生工具交易披露进行了规定，但实际上，除了金融企业的披露较为详细，其他行业对衍生金融交易的信息披露多只是概念的简单描述，有大量的企业并未对使用金融衍生工具情况进行披露或充分披露，对使用金融衍生工具情况进行披露的公司披露的方法也是不完全一致的。因此，结合现行的《企业会计准则》，应尽快制定有关上市公司使用金融衍生工具的强制性信息披露细则。对于监管者而言，监管重点不应该仅放在运用金融衍生工具盈亏上，而应监督企业加大金融衍生工具的信息披露内容，提高信息披露质量。

（4）完善金融衍生工具市场基础设施建设，推动金融衍生工具的金融创新。首先，改变金融创新模式。目前国内的创新模式是由监管部门开发出金融衍生工具品种和交易方式再交由商业机构使用，但这并不符合通常的市场创新规律和原则。国外成熟的创新模式是在风险可控的原则下，尽可能地由商业机构自主创新，从而缩短为市场主体提供各类交易方式和金融衍生工具的进程。如果不改变当前模式，就难以提高金融创新的市场效率。其次，改变分业监管模式。由"一行三会"的分业监管过度为集中监管，建立统一的监管机构负责金融衍生工具的监督管理，这样能够充分地利用监管资源并提高监管效率（例如缩短金融创新的评估进程），在促进金融创新的同时平衡过度创新的风险。最后，继续推进利率和汇率市场化定价机制。利率市场化和汇率市场化与金融衍生工具的金融创新是相互影响的，市场化进程的加快能够为金融创新提供更好的资本流通市场环境，反过来金融衍生工具的发展也会为市场化提供环境的、产品的和定价技术方面的支持。

8.3　研究局限

本书虽然对已有理论做了不少补充，但是研究尚存在着一定的局限性和有待进一步推敲的地方，具体可以从以下几个方面完善：

（1）信息披露不充分限制了更详细的实证研究。首先，中国企业金融衍生工具的信息披露质量和详细程度与国外相比还存在相当差距。尤其是不少企业都没有详细披露金融衍生工具使用数量和品种，以及金融衍生工具的期初和期末头寸，这些问题限制了我们对金融衍生工具使用效果进行更进一步的剖析。其次，上市公司对管理者信息的年报披露并不完全，而且尚无完全一致的披露标准，有些属于本书界定的研究管理者范畴内的人员没有相关信息披露。以上这些问题有待会计准则相关的信息披露制度完善后，进行补充研究。

（2）缺少对金融企业的研究。金融企业既是金融衍生工具的制造者，又是金融衍生工具的使用者，在金融衍生工具使用的影响因素以及金融衍生工具使用对企业价值的影响等实证研究结果上，必然会表现出与非金融企业的诸多不同之处。由于数据样本和篇幅限制，本书未进行对比研究。

在后续研究中，将以本书为基础，进行拓展和深化，从而解决上述局限性问题。

附录

公司治理、管理者动机与
衍生金融工具使用[①]

一、引　言

作为发展中的新兴市场，市场风险会随着我国金融市场的发展而逐渐加大。一方面，中国企业越来越多地介入跨国贸易和制造行列，企业的业绩波动与大宗商品价格变化之间的关联度越来越高；另一方面，随着人民币国际化进程以及国内金融市场开放程度的加快，金融风险跨境传染性也逐步增强，汇率和利率等方面的金融风险对国内企业的冲击越来越大。国际要素市场的不确定性更加凸显了风险管理的重要性，也推动了风险管理工具的发展与创新，其中以期货、期权、远期、互换等为代表的衍生金融工具最为引人注目。对于非金融企业而言，衍生金融工具已经成

---

　　① 原文发表于《财经理论与实践》2016 年第 73 卷第 200 期，为笔者独著。本书关注中国企业使用金融衍生工具的经济后果及其作用条件和作用机理，本文关注中国企业使用金融衍生工具的影响因素。因此在研究内容上可作为本书的补充，收入本书时有少量修改。

为抵御市场风险不可或缺的风险管理方式（ISDA，2009）①。

衍生金融工具的快速发展和广泛使用也给学术界提出了一个重要的问题：从公司财务理论的角度看，企业为什么要使用衍生金融工具对冲风险？财务风险管理理论认为，企业使用衍生金融工具进行风险管理的目的是为了减少现金流波动和增加预期现金流，税收、交易成本和财务困境成本的存在使得企业可以运用衍生金融工具进行风险管理来实现股东利益最大化（Allayannis et al.，2012）；管理者风险偏好理论认为，由于风险项目所获的收益和损失在管理者和股东之间的非对称分布，管理者往往是风险规避者，衍生金融工具决策被运用于规避管理者的薪酬风险，而且管理者从保护自身利益出发所进行的风险管理行为不一定会使得股东受益（Guay，1999；Lookman，2005）。近来的研究认为，公司治理结构会对衍生金融工具使用的目的和方式产生重要的影响（Tufano，1996；Kleffner et al.，2003；贾炜莹，2010），更为重要的是，公司治理的作用机制可能会体现在管理者使用衍生金融工具的动机上（Brunzell et al.，2011；Lel，2012）。但是这些结论是否能推广到处于经济转型期的中国，尚有待于经验证据的支持。此外，国有企业和非国有企业在公司治理状况和财务决策行为上存在着显著差异，但是该领域的文献尚未关注这两类企业在衍生金融工具决策上的影响因素及其作用机制有何不同。我们认为，基于特殊制度背景下的研究能够对已有研究做出补充和发展。

基于上述理由，本文实证检验了不同的治理环境下，管理者

---

① ISDA，2009：2009 ISDA Derivatives Usage Survey［EB/OL］. http：//www. is-da. org/press/press042309derpdf.

使用衍生金融工具的动机是否存在差异，并结合中国制度背景，深入分析和检验企业产权、政策监管对公司治理效应的影响，以期对中国上市公司的风险管理实务提供理论解释和政策依据。

二、文献回顾与研究假设

（一）文献回顾

现代金融理论认为，公司的价值取决于预期现金流和资本成本，增加公司预期现金流和降低资金成本都可以增加公司价值。基于此推理，财务风险管理理论提出企业使用衍生金融工具进行风险管理的目的是为了减少现金流波动，从而降低与财务约束相关的成本并增加企业价值，换言之，管理者是以"股东价值最大化"为目标从事风险管理活动（Stulz，1996）。国外研究发现，降低财务困境的期望成本（Haushalter，2000）、避免投资不足（Froot et al.，2005）、减少税收支出（Dionne & Triki，2005；Bartram et al.，2009）是企业使用衍生金融工具进行风险管理的主要原因。国内相关研究也发现在我国上市公司的衍生金融工具决策中不同程度地存在这些动机（贾炜莹等，2010；郑莉莉、郑建明，2012；张瑞君、程玲莎，2013），其中多数文献支持财务困境成本动机和投资动机。

由于代理问题的存在，现实中企业风险管理选择可能并非是"股东价值最大化"而是"管理者利益最大化"（Tufano，1998）。由于股东和管理者在委托代理关系上存在利益冲突和信息不对称，管理者的风险偏好实际上会影响企业的风险管理决策（Adam &

Fernando，2008）。究其原因，管理者的风险偏好会受到管理者的财富效用和风险厌恶效用的共同影响，薪酬激励组合中的股票以及股票期权使得管理者财富与企业业绩之间存在依存性，既然股价随时间变动，这种激励方案的回报就是不确定的，管理者就会面临风险（Guay，1999）。由于投资者可以通过多元化投资分散风险，故投资者通常被视为风险中性者，相比之下，由于管理者财富多元化的程度较低以及人力资本的专用性，管理者往往是风险厌恶者，而且公司避险的成本通常低于管理者自身进行避险的成本，因此管理者存在规避公司风险以最大化个人利益的动机（Guay，1999；Bartram et al.，2009）。这些观点获得了不少经验研究的支持，例如，图法诺（Tufano，1996）以北美采金行业为样本做实证研究，发现持有大量公司股票的管理者倾向于使用远期和期货合约规避黄金价格风险；柯诺夫等（Knopf et al.，2002）以美国非金融企业为分析样本，发现随着管理者持有的股票和期权组合对企业价值的敏感性增加，公司会更多地使用衍生金融工具。但也有学者持不同意见，例如，博克曼和布拉德伯里（Berkeman & Bradbury，1996）发现，在新西兰上市公司中管理者的风险偏好与衍生金融工具使用之间的相关性并不显著，赫沙尔特（Haushalter，2000）研究美国石油天然气企业也得出了相同的实证结论。由此可见，管理者风险偏好动机并不足以解释当前经验研究中存在的一些"互为矛盾"的结论。

代理理论认为管理者使用自由裁量权可以改变公司的行为和实现自我目标，并且将公司行为的不同归因于公司治理机制强度的差异（Bertrand & Schoar，2003）。近年来有不少文献对治理结构特征如何影响风险管理决策进行了研究。图法诺（1996）认为，公司治理将导致不同程度的管理者与股东的代理问题，这使得企业对风险管理会持不同的态度；科纳夫纳等（Kleffner et al.，2003）发现，在2001年使用衍生金融工具的加拿大上市公司中，有61%的公司受到管理者的影响，51%的公司出于董事会的推动，37%的公司是因为遵守多伦多证券交易所（TSE）的规定；贾炜莹等（2010）则发现股权集中度越高、股权制衡度越差的企业会更少地使用衍生金融工具。这些研究表明，公司治理特征会在一定程度上影响企业是否使用衍生金融工具。更进一步地，布伦赛尔等（Brunzell et al.，2011）发现，股权分散的公司更倾向于使用衍生金融工具来增加收入而不是从事风险管理；雷尔（Lel，2012）发现，如果汇率风险、财务困境成本和投资机会较高时，公司治理水平较高的企业使用了更多的衍生金融工具，反之，如果管理者持有的非多元化资产较多，即使汇率风险较低，公司治理水平较低的公司也会更多地使用衍生金融工具。这两篇研究表明公司治理特征会对衍生金融工具的使用目的和使用方式产生显著的影响，更为重要的是，公司治理的作用机制可能会体现在管理者使用衍生金融工具的动机上。但是，这两篇文献所关注的样本企业多处于公司治理状况较好的国家（尤其是美国），因此这些结论是否能推广到处于经济转型期的中国，尚有待经验证据的支持。

（二）假设提出

基于文献回顾，我们认为，股东与管理者在风险管理方面的冲突是源于风险偏好的不同，管理者与股东之间的代理问题导致两者在风险效用上的不一致。代理问题的存在使得风险管理目标会偏离财务风险理论的预期，管理者的风险偏好实际上是影响企业风险管理行为的关键因素，对管理者行为的更多监督可以减少管理者与股东之间的代理问题。因此，我们预期，内部公司治理水平越高的企业能够更大程度地将衍生金融工具作为财务策略的组成部分来克服资本市场的摩擦和规避风险，即管理者使用衍生金融工具的动机与财务风险管理理论的预期会越一致。本文提出以下假设：

假设 1a：在内部公司治理质量高的公司中，财务困境成本与衍生金融工具使用的正相关性得到增强。

假设 1b：在内部公司治理质量高的公司中，投资机会与衍生金融工具使用的正相关性得到增强。

假设 1c：在内部公司治理质量高的公司中，税收支出与衍生金融工具使用的正相关性得到增强。

委托代理理论认为管理者的目标与股东是不一致的，股东往往通过激励机制和约束机制来激励或监督管理者为实现股东价值最大化的目标而努力工作，薪酬制度是其中重要的治理机制。然而，以业绩为基础的激励性薪酬在提供激励的同时也会增加管理者薪酬财富的非多元化程度，加之人力资本的专用性，这就意味着管理者可能暴露在更大的风险之下（Knopf et al.，2002；Almazan & Suarez，2003）[①]。如果管理者承担了过多的风险，他们会追求低风险的政策（如放弃净现值为正的风险项目），这些政策往往会降低企业业绩（Coles et al.，2006；Gormley et al.，2013）。因此，股东为了克服管理者与股东的代理冲突，要么是允许风险厌恶的管理者降低与薪酬风险相关的企业风险，要么是监督其行为。对于监督成本昂贵的公司，会越倾向于利用公开衍生

---

① Almazan, A. and Suarez, J., 2003: Entrenchment and Severance Pay in Optimal Governance Structures, Journal of Finance, Vol. 58, No. 2: 519 – 547.

金融工具市场来降低薪酬组合中的风险，以增加管理者承受风险的能力。因此我们预期，内部公司治理水平较低的企业更可能利用衍生金融工具来配合管理者的风险偏好，即管理者使用衍生金融工具的动机与管理者风险偏好理论的预期会越一致。综上分析，提出以下假设：

假设2：在内部公司治理质量低的公司中，管理者风险厌恶水平与衍生金融工具使用的正相关性得到增强。

中国特殊的社会制度、政治体制及经济发展路径决定了国有企业和民营企业在产权结构、政策监管等许多方面都存在根本性差异，导致这两类企业在风险管理行为上可能存在着较大差异。由于衍生金融市场风险较高，国家和地方国资委对国企衍生金融工具的使用制定了更加严格的审批和汇报制度①，并要求其自身建立有效的内部控制流程。这使得国有企业管理者在衍生金融工具使用上可能会更加规范和审慎，更不太可能出现衍生金融工具的不当使用。相比而言，民企由于规模较小，经营管理规范性相对较差（杨清香等，2010②），而且缺乏对衍生金融工具交易的外部制度监管，风险管理行为的规范性可能会更大程度取决于内部公司治理机制的激励和约束。故而，相对于国有企业来说，非国有企业内部的治理机制对管理者使用衍生金融工具动机的影响可能会更加明显。根据上述分析，提出以下假设：

假设3：内部公司治理机制对衍生金融工具选择决策的影响在

---

① 仅在样本的研究期内（2007~2013年），适用于国有企业衍生金融工具交易监管的外部条例和指导意见就有：《中央企业全面风险管理指引》（国资委，2006）、《关于当前应对金融危机加强企业财务管理的若干意见》（财政部，2009）、《关于进一步加强中央企业金融衍生业务监管的通知》（国资委，2009）。

② 杨清香、俞麟、胡向丽：《不同产权性质下股权结构对投资行为的影响——来自中国上市公司的经验证据》，载于《中国软科学》2010年第7期，第142~150页。

不同性质的企业中有所不同，国有控制属性会弱化公司治理效应。

三、研 究 设 计

（一）样本和数据

本文选择 2007～2013 年度的 A 股上市公司为研究样本。初选样本被进行了如下处理：（1）剔除 ST、PT 及金融保险类公司；（2）剔除数据有缺失的样本。最后得到总共 4 543 个样本，其中国有企业样本为 2 536 个；使用衍生金融工具的样本为 601 个，其中国有企业样本为 313 个。另外，我们对连续变量在 1% 和 99% 水平上进行 winsorize 处理。衍生金融工具数据是根据上市公司年报信息手工收集得出，其他数据来自 CSMAR 数据库和 RES-SET 数据库。

（二）变量定义与模型设定

1. 衍生金融工具使用的测度

本文分别使用"衍生金融工具使用与否"以及"衍生金融工具使用程度"作为替代变量，以分别检验衍生金融工具"是否使用"和"使用多少"的实证结论。

（1）衍生金融工具使用与否变量（Der1）。上市公司是否使用衍生金融工具的虚拟变量，如果上市公司使用衍生金融工具则取值为 1，否则为 0。

（2）衍生金融工具使用程度变量（Der2）。借鉴柯诺夫等

（2002）的做法，使用衍生金融工具公允价值与总资产的比值来衡量。依据《企业会计准则》对衍生金融工具的披露、确认和计量标准，我们从"流动资产""其他流动资产""其他非流动资产""流动负债""其他流动负债""其他非流动负债""交易性金融资产"和"交易性金融负债"等报表项目获取衍生金融工具的期末公允价值。因为该比值较小，所以乘以 1 000，但这不影响实证结论。

2. 内部公司治理水平的测度

借鉴方红星、金玉娜（2013）的研究方法，我们从管理者监督和激励两方面选取 11 个反映公司治理机制的变量进行主成分分析，并以第一大主成分作为公司治理机制 Gov 的度量指标。首先，选取第一大股东持股比例、第二到第十大股东股权集中度、机构投资者持股比例、总经理与董事长是否兼任、董事会规模和监事会规模、董事会会议次数和监事会议次数、独立董事比例衡量监督机制特征；选取高管持股比例、高管薪酬比例反映激励机制特征。其次，对所有变量采用主成分分析拟合成公司治理指数 Gov。Gov 越大表明公司治理质量越高。

3. 管理者动机的测度

使用衍生金融工具可能存在两类管理者动机：财务动机和管理者风险偏好动机。

（1）财务动机。借鉴已有研究（Adam & Fernando，2008；Bartram et al.，2009；Hanlon & Heitzman，2010），我们使用资产负债率（期末总负债/期末总资产）、账面市值比（公司账面价值/公司市场价值）和实际税率（（所得税费用 – 递延所得税费用）/税前会计利润）来分别衡量财务困境成本（Lev）、投资机会（BM）和税收支出（Tax）三类财务动机。

（2）管理者风险偏好动机（Manager）。借鉴已有研究（Lel，2012；Dionne & Triki，2005），本文使用管理者所持有的股权价值来衡量风险偏好动机（管理者所持股份数与年末收盘价之积取自然对数），变量取值越大表明风险厌恶程度越高，管理者风险偏好动机越大。

控制变量包括：（1）公司规模（Size，期末资产的自然对数）以控制规模效应；（2）行业（Industry）和年度（Year）哑变量以分别控制行业和年度固定效应。

4. 研究模型

构建如下模型以检验假设 1 和假设 2。被解释变量 Der 分别用 Der1 和 Der2 来衡量。财务动机和管理者风险偏好动机的替代变量均为滞后一期的变量，主要是考虑到如果选用当期值，可能会存在内生性问题。在模型中，我们更加关注交互项系数，通过观察交互项系数的方向及其显著性以检验内部公司治理对管理者动机与衍生金融工具使用两者关系的影响。根据假设 1a-1c，α_6 和 α_8 应该显著为正，α_7 应该显著为负；根据假设 2，α_9 应该显著为负。

$$\begin{aligned}
\text{Der}_{it} = {} & \alpha_0 + \alpha_1 \text{Lev}_{i,t-1} + \alpha_2 \text{BM}_{i,t-1} + \alpha_3 \text{Tax}_{i,t-1} + \alpha_4 \text{Manager}_{i,t-1} \\
& + \alpha_5 \text{Gov}_{i,t} + \alpha_6 \text{Gov}_{i,t} \times \text{Lev}_{i,t-1} + \alpha_7 \text{Gov}_{i,t} \times \text{BM}_{i,t-1} \\
& + \alpha_8 \text{Gov}_{i,t} \times \text{Tax}_{i,t-1} + \alpha_9 \text{Gov}_{i,t} \times \text{Manager}_{i,t-1} \\
& + \alpha_{10} \text{Size}_{i,t} + \Sigma \text{Industry} + \Sigma \text{Year} + \varepsilon \qquad (1)
\end{aligned}$$

为了验证假设 3，我们在模型（1）中加入所有权性质变量以及所有权性质、公司治理和管理者动机的四个交互项变量①。根据假设 3，Gov × Lev × SOE 和 Gov × Tax × SOE 系数应该显著为负，Gov × BM × SOE 和 Gov × Manager × SOE 系数应显著为正。

四、实证结果与分析

（一）描述性统计②

公司治理变量和管理者动机变量在正式使用前均进行了行业中位数调整，从而消除了行业因素对这些变量的影响③。从整体样本来看，Der1 和 Der2 的均值表明平均有 13% 的企业使用了衍生金融工具，而且衍生金融工具的头寸并不高，平均仅占总资产的 0.002%，这意味着虽然企业愈加重视风险管理，但是对使用衍生金融工具仍旧持非常谨慎的态度。Gov 的均值和中位数分别为 0.140 和 0，标准差为 1.229，表明不同上市公司的综合治理状况差异较大。从产权分组样本来看，T 检验和 Wilcoxon 检验结果表明，较之国有企业，非国有企业更大程度地从事衍生金融工具交易（Der1 的 T 值和 Z 值均显著，Der2 的 Z 值显著），而且两类企

---

① 需要说明的是，本文同时也考虑在模型（2）中加入 $\alpha_{15} \mathrm{SOE}_{i,t} \times \mathrm{Lev}_{i,t-1} + \alpha_{16} \mathrm{SOE}_{i,t} \times \mathrm{BM}_{i,t-1} + \alpha_{17} \mathrm{SOE}_{i,t} \times \mathrm{Tax}_{i,t-1} + \alpha_{18} \mathrm{SOE}_{i,t} \times \mathrm{Manager}_{i,t-1}$。实证结果表明无论模型（1）中是否加入这些变量，本文的结论保持不变。后文报告的是未加入这些变量的实证结果。

② 鉴于篇幅限制，本文省略了描述性统计的详细结果。如有需要欢迎来信索取。

③ 在使用衍生金融工具的中国上市公司中，行业分布特征十分明显。74% 分布于制造业，其中过半数又分布于机械设备以及金属和非金属行业。这意味着行业因素很可能会对变量产生重要的影响。因此，我们对公司治理和管理者动机变量进行了中位数调整。

业在公司治理水平以及管理者使用衍生金融工具的动机上也都可能存在显著的区别（除 Tax 变量外）。

（二）　实证检验

1. 假设 1 和假设 2 的检验

表 1 提供了 2007～2013 年面板数据的回归结果，其中列 1 和列 2 报告的是被解释变量 Der1 的 Probit 回归结果，列 3 和列 4 报告的是被解释变量 Der2 的 Tobit 回归结果。为了更好地观察公司治理机制的影响，在列 1 和列 4 的解释变量中并未引入 Gov 变量及其四个交互项。基于节省篇幅的考虑，本文没有报告常数项，以及行业和地区虚拟变量的系数。

Gov 的系数估计值均显著为正，表明内部公司治理水平越高的企业越倾向于使用衍生金融工具，这与雷尔（2012）的研究结论基本一致。

关于内部公司治理是否影响财务风险管理理论对衍生金融工具使用的解释力，回归发现，Lev 和 Gov×Lev 的系数均在 1% 水平下显著为正，这表明面临财务困境风险的企业拥有强烈的意愿利用衍生金融工具降低财务困境成本和增加举债能力，并且公司治理水平的提升能显著增加高财务困境成本公司对于风险管理的重视程度，支持了假设 1a 的推论；Gov×BM 以及 Gov×Tax 的系数均不显著，这表明在不同治理水平的企业中，投资支出、税收支出与衍生金融工具使用之间的相关性没有明显的差异。表 1 的结果联合表明，随着公司治理水平的提升，企业使用衍生金融工具的目的更多的是为了降低财务困境成本，公司治理水平并未对投资机会、税收支出与衍生金融工具使用之间的相关性产生显著的影响。

关于公司治理是否影响管理者风险偏好理论对衍生金融工具使用的解释力，表 1 显示，Manager 的系数估计值均在 1% 水平上显著为正，Gov × Manager 的系数估计值均在 1% 的水平上显著为负，这表明随着管理者持股价值的增加，管理者财富与企业业绩的相关性会增强，这使得管理者越倾向利用风险管理来降低公司利润的波动性，以期规避薪酬风险的同时最大化自身利益，尤其是在公司治理水平越低的企业，管理者风险偏好与衍生金融工具决策的相关性越强，假设 2 得到了经验证据的支持。

表 1　　　　　　　　假设 1、假设 2 和假设 3 的检验

变量名	预期符号	Der1			Der2		
		(1)	(2)	(3)	(4)	(5)	(6)
Lev	+	0.812 ***	0.883 ***	1.021 ***	5.278 ***	5.859 ***	6.06^5 ***
		(4.88)	(5.19)	(5.72)	(4.49)	(4.93)	(4.79)
BM	−	0.256	0.250	0.164	1.748	1.771	1.777
		(1.20)	(1.14)	(0.73)	(1.55)	(1.58)	(1.41)
Tax	+	0.141	0.148	0.096	0.638	0.718	0.230
		(0.91)	(0.95)	(0.54)	(0.68)	(0.76)	(0.22)
Manager	+	0.108 ***	0.101 ***	0.088 ***	0.809 ***	0.750 ***	0.732 ***
		(5.86)	(5.42)	(3.91)	(5.89)	(5.46)	(4.56)
Gov	+		0.0695 ***	0.055 **		0.507 ***	0.522 ***
			(2.79)	(2.02)		(2.95)	(2.77)
Gov × Lev	+		0.355 ***	0.559 ***		2.358 ***	2.962 ***
			(2.91)	(3.51)		(2.90)	(2.68)
Gov × BM	−		0.162	0.367 *		1.416	1.992
			(1.19)	(1.79)		(1.49)	(1.38)
Gov × Tax	+		0.0604	0.217		0.567	1.978 *
			(0.38)	(1.15)		(0.54)	(1.67)
Gov × Manager	−		− 0.0540 ***	− 0.080 ***		− 0.379 ***	− 0.603 ***
			(− 3.33)	(− 4.03)		(− 3.91)	(− 4.52)

续表

变量名	预期符号	Der1			Der2		
		（1）	（2）	（3）	（4）	（5）	（6）
SOE	+/-			-0.288 ***			-1.621 ***
				（-4.78）			（-3.73）
Gov × Lev × SOE	-			-0.526 **			-1.139
				（-2.03）			（-0.68）
Gov × BM × SOE	+			-0.396			-0.381
				（-1.50）			（-0.22）
Gov × Tax × SOE	-			-0.275			-2.560
				（-0.87）			（-1.37）
Gov × Manager × SOE	+			0.076 **			0.653 ***
				（2.03）			（2.90）
Size	+	0.724 ***	0.752 ***	0.822 ***	4.013 ***	4.171 ***	4.591 ***
		（14.72）	（15.57）	（16.76）	（9.23）	（9.19）	（10.05）
N		4 543	4 543	4 543	4 543	4 543	4 543
Pseudo. R^2		0.133	0.139	0.147	0.075	0.080	0.085
- Log likelihood		1 538.232	1 527.423	1 512.812	2 288.864	2 276.191	2 264.125

注：公司治理变量和管理者动机变量均经过行业中位数调整，＊、＊＊和＊＊＊分别表示显著性水平 0.1、0.05 和 0.01，括号内的数值分别为 z 值（列 1－3）和 t 值（列 4－6）。模型经过个体和时间的 Cluster 调整。

2. 假设 3 的检验

为了检验假设 3，表 1 加入了所有权性质变量以及所有权性质、公司治理和管理者动机的四个交互项变量，列 3 和列 6 分别报告 Probit 和 Tobit 的分组检验结果。Gov × Lev × SOE 系数均为负，且在列 3 的回归中显著，这表明国有控股的公司治理机制对财务困境成本动机的正向激励效果被降低。Gov × Manager × SOE 系数均显著为正，这说明在治理机制对管理者风险偏好动机的调节作用上民营企业好于国有企业，进一步支持了假设 3 的推论。

3. 进一步研究：政策监管的影响

我们认为，由于国有企业的衍生金融工具交易受到了更为严格的外部监管，在较大程度上减少了管理者"投机"或"渎职"行为，从而使得内部公司治理对管理者动机的调节作用在不同所有权性质企业的衍生金融工具决策中表现出不同的特点。为了验证以上的观点，表2对国企样本的面板数据执行了进一步的回归分析。具体做法为：首先，以2010年为界点设置政策监管的哑变量（Policy）①；其次，在模型（1）中加入政策监管变量以及政策监管、管理者动机与公司治理的交互项变量②，以观察外部监督机制是否会影响内部治理机制的激励效果。表2显示，Gov × Lev × Policy在10%水平下显著为负，Gov × Manager × Policy系数在10%水平下显著为正，这表明政策监管的缺失使得管理者风险管理行为会更依赖于内部公司治理机制的有效性。这些实证结果支持了我们的观点。

---

① 以2010年为界点划分样本的理由在于：随着《关于当前应对金融危机加强企业财务管理的若干意见》和《关于进一步加强中央企业金融衍生业务监管的通知》在2009年的颁布和实施，针对国企衍生金融工具交易的外部监管较以前年度更为规范和严格，我们预期公司治理的作用程度会受到政策监管环境的影响。考虑到政策实施的滞后性，因此我们分别对2007～2009年以及2010～2013年样本进行划分，前者Policy赋值为0，后者赋值为1。

② 需要说明的是，本文同时也考虑在模型（1）中加入政策监管与管理者动机的交互项。实证结果表明无论是否加入这些变量，本文的结论保持不变。表2报告的是未加入这些变量的实证结果。

表 2　　　　　　　假设 3 的进一步研究：政策监管的影响

变量名	预期符号	Der1（1）	Der2（2）
Lev	+	1. 236 *** （4. 01）	9. 000 *** （4. 50）
BM	−	0. 136 （0. 41）	1. 314 （0. 69）
Tax	+	0. 125 （0. 48）	− 0. 430 （− 0. 30）
Manager	+	0. 131 *** （3. 41）	1. 201 *** （4. 67）
Gov	+	0. 075 ** （2. 09）	0. 704 *** （2. 62）
Gov × Lev	+	− 0. 140 （− 0. 59）	− 0. 007 （− 0. 00）
Gov × BM	−	− 0. 206 （− 0. 86）	1. 212 （0. 76）
Gov × Tax	+	0. 024 （0. 07）	− 0. 126 （− 0. 06）
Gov × Manager	−	0. 003 （0. 08）	0. 265 （1. 32）
Policy	?	0. 444 ** （2. 11）	3. 247 *** （2. 73）
Gov × Lev × Policy	−	− 0. 335 * （− 1. 82）	− 4. 257 * （− 1. 71）
Gov × BM × Policy	+	0. 574 （1. 40）	1. 177 （0. 46）
Gov × Tax × Policy	−	− 0. 133 （− 0. 30）	− 2. 441 （− 0. 86）
Gov × Manager × Policy	+	0. 033 * （1. 69）	0. 153 * （1. 86）
N		2 536	2 536
Pseudo. R^2		0. 181	0. 118
− Log likelihood		774. 669	1 150. 745

注：公司治理变量和管理者动机变量均经过行业中位数调整，＊、＊＊和＊＊＊分别表示显著性水平 0. 1、0. 05 和 0. 01，括号内的数值分别为 z 值（列 1）和 t 值（列 2）。模型经过个体和时间的 Cluster 调整。控制变量 Size 均在 1% 水平下显著为正。

五、结　论

　　衍生金融工具研究是近年来特别是全球金融危机背景下财务学研究的热点问题。结合中国的制度背景，本文研究公司治理、管理者动机与衍生金融工具使用三者之间的关系。利用中国上市公司 2007～2013 年的数据，我们发现：（1）在不同的治理环境下，管理者使用衍生金融工具的动机存在明显的差异。在公司治理水平越高的企业，衍生金融工具的使用更符合财务风险管理理论的预期，财务困境成本动机与衍生金融工具使用之间的相关性显著增强；相反，在公司治理水平越低的企业，衍生金融工具的使用更符合管理者风险偏好理论的预期，衍生金融工具的使用更可能会受到管理者风险偏好的影响；（2）公司治理的作用机制会受到所有权性质的影响，非国有企业中公司治理对管理者使用衍生金融工具动机的影响更大。对衍生金融工具交易的外部监管机制能够作为内部治理的补充机制，会导致内部公司治理对管理者风险管理动机的调节作用在不同所有制企业中表现出不同的特点。

　　本文的研究为理解中国上市公司的风险管理行为提供了新的经验证据，同时也拓展了有关上市公司风险管理决策影响因素及作用机制的研究。本文研究结论的政策含义在于：完善的公司治理环境和积极的政策监管是正确利用金融衍生工具进行风险管理的重要条件，从而为上市公司的风险管理实务提供了理论解释和政策依据。

参 考 文 献

[1] 白重恩、刘俏、陆洲、宋敏、张俊喜：《中国上市公司治理结构的实证研究》，载于《经济研究》2005 年第 2 期，第 81～91 页。

[2] 仓勇涛、储一昀、戚真：《外部约束机制监督与公司行为空间转换——由次贷危机引发的思考》，载于《管理世界》2011 年第 6 期，第 91～104 页。

[3] 陈忠阳、赵阳：《衍生产品、风险对冲与公司价值》，载于《管理世界》2007 年第 11 期，第 139～148 页。

[4] 陈炜、沈群：《金融衍生产品避险的财务效应、价值效应和风险管理研究》，经济科学出版社 2008 年版。

[5] 陈炜、王弢：《衍生产品使用对公司价值和业绩影响的实证检验》，载于《证券市场导报》2006 年第 3 期，第 54～59 页。

[6] 窦登奎：《我国上市公司运用金融衍生工具套期保值的实证研究》，西南财经大学博士论文，2011 年。

[7] 郭飞、郭慧敏、张桂玲：《利润波动性与衍生工具使用：基于国有上市公司的实证研究》，载于《会计研究》2017 年第 3 期，第 22～29 页。

[8] 何威风、刘启亮：《我国上市公司高管背景特征与财务重述行为研究》，载于《管理世界》2010 年第 7 期，第 144～155 页。

[9] 黄建兵、宁静鞭、於颖华：《我国上市公司风险管理决策的实证研究》，载于《经济管理》2008 年第 12 期，第 4~9 页。

[10] 黄娟娟、肖珉：《信息披露、收益不透明度与权益资本成本》，载于《中国会计评论》2006 年第 1 期，第 69~84 页。

[11] 黄祖辉、陈立辉：《金融衍生工具的使用及其对企业出口绩效的影响——来自 352 家中国农产品出口企业的经验证据》，载于《农业经济问题》2010 年第 12 期，第 41~51 页。

[12] 贾炜莹、魏国辰、刘德英：《我国上市公司衍生工具运用动机的实证研究》，载于《经济管理》2010 年第 3 期，第 110~116 页。

[13] 贾炜莹：《中国上市公司衍生工具运用研究》，对外经济贸易大学出版社 2010 年版。

[14] 贾炜莹：《衍生工具运用造成的经营业绩波动性——以我国四家航空公司为例》，载于《财会月刊》2002 年第 1 期，第 74~76 页。

[15] 姜付秀、伊志宏、苏飞、黄磊：《管理者背景特征与企业过度投资行为》，载于《管理世界》2009 年第 1 期，第 130~139 页。

[16] 吕文栋、刘巍、何威风：《管理者异质性与企业风险承担》，载于《中国软科学》2015 年第 12 期，第 120~133 页。

[17] 孟庆斌、孙寅、汪昌云、张永冀：《产权性质、高管背景特征与衍生品使用——基于 A 股上市公司的实证研究》，载于《中国会计评论》2016 年第 1 期，第 83~104 页。

[18] 尼克·李森：《我如何弄垮巴林银行》，中国经济出版社 1996 年版。

[19] 皮天雷、罗怡：《金融创新真的被金融异化了吗——金

融风暴背景下深入解读金融创新与金融监管》，载于《财经科学》2009 年第 2 期，第 1～8 页。

[20] 荣蓉、王亚亚、章蔓菁：《祛魅金融衍生品》，载于《中国外汇》2019 年第 3 期，第 31～37 页。

[21] 斯文：《关于衍生品使用的企业价值效应研究——基于我国制造业上市公司的实证分析》，载于《重庆工商大学学报（社会科学版）》2013 年第 5 期，第 16～26 页。

[22] 邵丽丽、孙铮：《风险对冲手段、汇率冲击程度与风险管理效果——来自上市公司出口业务的经验证据》，载于《会计研究》2017 年第 7 期，第 41～47 页。

[23] 史永东、王谨乐：《中国机构投资者真的稳定市场了吗?》，载于《经济研究》2014 年第 12 期，第 100～113 页。

[24] 汪昌云：《金融衍生工具》，中国人民大学出版社 2009 年版。

[25] 王志诚、周春生：《金融风险管理研究进展：国际文献综述》，载于《管理世界》2006 年第 4 期，第 158～165 页。

[26] 祝继高、叶康涛、严冬：《女性董事的风险规避于企业投资行为研究——基于金融危机的视角》，载于《财贸经济》2012 年第 4 期，第 50～58 页。

[27] 王克敏、姬美光、李薇：《公司信息透明度与大股东资金占用研究》，载于《南开管理评论》2009 年第 4 期，第 83～91 页。

[28] 王晓珂、黄世忠：《衍生工具、公司治理和盈余质量》，载于《会计研究》2017 年第 3 期，第 16～21 页。

[29] 衍生品创新研究小组：《全球衍生品监管实践、制度变迁与启示》，载于《证券市场导报》2016 年第 3 期，第 49～56 页。

[30] 张瑞君、程玲莎：《管理者薪酬激励、套期保值与企业

价值——基于制造业上市公司的经验数据》，载于《当代财经》2013 年第 12 期，第 117～128 页。

[31] 张兆国、刘亚伟、亓小林：《管理者背景特征、晋升激励与过度投资研究》，载于《南开管理评论》2013 年第 4 期，第 32～42 页。

[32] 郑莉莉、郑建明：《我国上市公司使用外汇金融衍生工具的影响因素研究》，载于《财贸经济》2012 年第 6 期，第 65～72 页。

[33] 张元萍、郗文泽：《金融衍生工具》，首都经济贸易大学出版社第 2015 年版。

[34] 张三保、张志学：《管理自主权：融会中国与西方、连接宏观与微观》，载于《管理世界》2014 年第 3 期，第 102～118 页。

[35] 祝继高、叶康涛、严冬：《女性董事的风险规避与企业投资行为研究》，载于《财贸经济》2012 年第 4 期，第 50～58 页。

[36] Adam, T. R. and Fernando, C. S., 2006：Hedging, speculation, and shareholder value, Journal of Financial Economics, Vol. 81, No. 2：283 – 309.

[37] Agarwal, V., Taffler, R. and Brown, M., 2011：Is management quality value relevant? Journal of Business Finance and Accounting, Vol. 38, No. 9：1184 – 1208.

[38] Aiken, L. S. and West, S. G., 1994：Multiple Regression：Testing and Interpreting Interactions, Journal of the Operational Research Society, Vol. 45, No. 1：119 – 120.

[39] Allayannis, G., Brown, G. W. and Klapper, L. F., 2003：Capital Structure and Financial Risk Evidence Foreign Debt Use in East Asian, Journal of Financial, Vol. 58, No. 6：2667 – 2710.

[40] Allayannis, G. , Lel, U. and Miller, D. P. , 2012: The use of foreign currency derivatives, corporate governance, and firm value around the world, Journal of International Economics, Vol. 87, No. 1: 65 – 79.

[41] Allayannis, G. and Ofek, E. , 2001: Exchange Rate Exposure, Hedging, and the Use of Foreign Currency Derivatives, Journal of International Money and Finance, Vol. 20, No. 2: 273 – 296.

[42] Allayannis, G. and Weston, J. P. , 2001: The use of foreign currency derivatives and firm market value, Review of Financial Studies 14, No. 1: 243 – 276.

[43] Baik B. , Choi S. , Farber, D. B. and Zhang, J. , 2012: Managerial Ability and Earnings Quality: An International Analysis, Working Paper.

[44] Baik, B. , Farber, D. B. and Lee, S. , 2011: CEO ability and management earnings forecasts, Contemporary Accounting Research, Vol. 28, No. 5: 1645 – 1668.

[45] Barr, R. S. and Siems, T. F. , 1997: Bank failure prediction using DEA to measure management quality. In: Barr, R. S. , Helgason, R. V. , Kennington, J. K. Interfaces in computer science and operations research. Boston: Kluwer Academic Publishers, 341 – 365.

[46] Bartram, S. M. , Brown, G. W. and Conrad, J. , 2011: The effects of derivatives on firm risk and value, Journal of Financial and Quantitative Analysis, Vol. 46, No. 4: 967 – 999.

[47] Bartram, S. M. , Brown, G. W. and Fehle, F. R. , 2009: International Evidence on Financial Derivatives Usage, Financial Management, Vol. 38, No. 1: 185 – 206.

[48] Beber, A. and Fabbri, D., 2012: Who times the foreign exchange market? Corporate speculation and CEO characteristics, Journal of Corporate Finance, Vol. 18, No. 5: 1065 – 1087.

[49] Bertrand, M. and Mullainathan, S., 2003: Enjoying the Quiet Life? Managerial Behavior Following Antitakeover Legislation, Journal of Political Economy, Vol. 111, No. 5: 1043 – 1075.

[50] Bertrand, M. and Scholar, A., 2003: Managing with style: the effect of managers on firm policies, Quarterly Journal of Economics, Vol. 118, No. 4: 1169 – 1208.

[51] Bessembinder, H., 1991: Forward contracts and firm value: investment incentive and contracting effects, Journal of Financial and Quantitative Analysis, Vol. 26, No. 4: 519 – 532.

[52] Bhattacharya, U., Daouk, H. and Welker, M., 2003: The world price of earnings opacity, Accounting Review, Vol. 78, No. 3: 641 – 678.

[53] Bodnar, G. M., Hayt, G. S. and Marston, R. C., 1996: 1995 Wharton Survey of Derivatives Usage by US Nonfinancial Firms, Financial Management, Vol. 25, No. 4: 113 – 133.

[54] Bodnar, G. M., Hayt, G. S., Marston, R. C., 1998: 1998 Wharton Survey of Derivatives Usage by US Nonfinancial Firms, Financial Management, Vol. 27, No. 4: 70 – 91.

[55] Bonsall, S. B., Holzman, E. R. and Miller, B. P. 2017: Managerial ability and credit risk assessment. Management Science, Vol. 63, No. 5, 1425 – 1449.

[56] Borokhovich, K. A., Brunarski, K. R., Crutchley, C. E. and Simkins, B. J., 2004: Board Composition and Corporate Use

of Interest Rate Derivatives, Journal of Financial Research, Vol. 27, No. 2: 199 – 216.

[57] Breeden, D. T. and Viswanathan, S. , 2016: Why do firms hedge? An asymmetric information model, Journal of Fixed Income, Vol. 25, No. 3: 7 – 25.

[58] Brown, G. W. , Crabb, P. R. and Haushalter, D. , 2006: Are Firms Successful at Selective Hedging? Journal of Business, Vol. 79, No. 6: 2925 – 2949.

[59] Brunzell, T. , Hansson, M. and Liljeblom, E. , 2011: The Use of Derivatives in Nordic Firms. The European Journal of Finance, Vol. 17, No. 5: 355 – 376.

[60] Carmeli, A. and Halevi, M. Y. , 2009: How Top Management Team Behavioral Integration and Behavioral Complexity Enable Organizational Ambidexterity: The Moderating Role of Contextual Ambidexterity, The Leadership Quarterly, Vol. 20, No. 2: 207 – 218.

[61] Carpenter, J. N. , 2000: Does option compensation increase managerial risk appetite, Journal of Finance, Vol. 55, No. 5: 2311 – 2331.

[62] Carter, D. A. , Pantzalis, C. , Simkins, B. J. , 2006: Asymmetric Exposure to Foreign – exchange Risk: Financial and Real Option Hedges Implemented by U. S. Multinational Corporations, Financial Management, Vol. 35: 53 – 87.

[63] Chang, H. S. , Donohoe, M. , and Sougiannis, T. , 2015: Do analysts understand the economic and reporting complexities of derivatives, Journal of Accounting and Economics, Vol. 61, No. 2 – 3: 584 – 604.

[64] Charness, G. and Gneezy, U., 2012: Strong Evidence for Gender Differences in Investment, Journal of Economic Behavior & Organization, Vol. 83, No. 1: 50 – 58.

[65] Chen, Z. H. and Keefe, M. O., 2020: Bookie directors and firm performance: evidence from China, Journal of Corporate Finance, Vol. 60: 1 – 26.

[66] Cheng, L. S., Joanna, L. Y. and Zhang, R. J., 2020. Government regulation, executive compensation, and risk-premium-related derivatives usage: evidence from China, China Accounting and Finance Review, Vol. 22, No. 1: 97 – 126.

[67] Cheung, K. T. S., Naidu, D., Navissi F. and Ranjeeni K., 2017: Valuing talent: Do CEOs' ability and discretion unambiguously increase firm performance, Journal of Corporate Finance, Vol. 43: 15 – 35.

[68] Choy, H., Lin, J. and Officer, M. S., 2014: Does freezing a defined benefit pension plan affect firm risk? Journal of Accounting and Economics, Vol. 57, No. 1: 1 – 21.

[69] Clarke, J. and Subramanian, A., 2006: Dynamic forecasting behavior by analysts: theory and evidence, Journal of Financial Economics, Vol. 80: 81 – 113.

[70] Coles, J. L., Daniel, N. D., Naveen, L., 2006: Managerial incentives and risk – taking, Journal of Financial Economics, Vol. 79, No. 2: 431 – 468.

[71] Croci, E, Giudice, A D. and Jankensgard, H., 2017: CEO age, risk incentives, and hedging strategy. Financial Management, Vol. 46, No. 3: 1 – 31.

[72] Cronqvist, H., Makhija, A. K. and Yonker, S. E., 2012: Behavioral Consistency in Corporate Finance: CEO Personal and Corporate Leverage. Journal of Financial Economics, Vol. 103: 20 – 40.

[73] Custo'dio, C., Ferreira, M. A., Matos, P., 2013: Generalists versus specialists: lifetime work experience and chief executive officer pay, Journal of Financial Economics, Vol. 108 (2): 471 – 492.

[74] DeAngelo, H. and Masulis, R. W., 1980: Optimal capital structure under corporate and personal taxation, Journal of Financial Economics, Vol. 8, No. 1: 3 – 29.

[75] DeMarzo, P. M., Duffie, D., 1995: Corporate financial hedging with proprietary information, Journal of Economic Theory, Vol. 53, No. 2: 261 – 286.

[76] Demerjian, L. B., McVay, S., 2012: Quantifying managerial ability: a new measure and validity tests. Management Science, Vol. 58: 1229 – 1248.

[77] Dionne, G., Chun, O. M. and Triki, T., 2019: The governance of risk management: The Importance of directors' independence and financial Knowledge, Risk Management and Insurance Review, Vol. 22, No. 3: 247 – 277.

[78] Dionne, G. and Garand, M., 2003: Risk management determinants affecting firms' values in the gold mining industry: New empirical results, Economics Letters, Vol. 79: 43 – 52.

[79] Dolde, W., 1995: Hedging, Leverage, and Primitive Risk, Journal of Financial Engineering, Vol. 4, No. 2, 187 – 216.

［80］Erkensa, D. H. , Hung, M. and Matos, P. , 2012: Corporate governance in the 2007 – 2008 financial crisis: evidence from financial institutions worldwide, Journal of Corporate Finance 18, No. 2: 389 – 411.

［81］Faccio, M. , Marchica, M. T. and Mura, R. , 2016: CEO Gender, Corporate Risk – taking, and the Efficiency of Capital Allocation, Journal of Corporate Finance, Vol. 39: 193 – 209.

［82］Fauver, L. and Naranjo, A. , 2010: Derivative usage and firm value: the influence of agency costs and monitoring problems, Journal of Corporate Finance, Vol. 16, No. 5: 719 – 735.

［83］Fich, M. , Harford, J. and Tran, L. , 2015: Motivated monitors: the importance of institutional investors' portfolio weights, Journal of Financial Economics, Vol. 14, No. 1: 1 – 65.

［84］Finkelstein, S. and Hambrick, D. C. , 1990: Top Management Team Tenure and Organizational Outcomes: the Moderating Role of Managerial Discretion, Administrative Science Quarterly, Vol. 35, No. 9: 484 – 503.

［85］Fok, R. C. , Carroll C. and Chiou, M. C. , 1997: Determinants of Corporate Hedging and Derivatives: A Revisit, Journal of Economics and Business, Vol. 49, No. 6: 569 – 585.

［86］Francis, J. , Huang, A. H. , Rajgopal, S. and Zang, A. Y. , 2008: CEO reputation and earnings quality, Contemporary Accounting Research, Vol. 25, No. 1: 109 – 147.

［87］Froot, K. A. , Scharfstein, D. S. and Stein, J. C. , 1993: Risk management: Coordinating corporate investment and financing policies, Journal of Finance, Vol. 48 (5): 1629 – 1658.

[88] Gao, H. S. , 2010: Optimal Compensation Contracts When Managers Can Hedge, Journal of Financial Economics, Vol. 97, No. 2: 218 – 238.

[89] Gay, G. D. and Nam, J. , 1998: The Underinvestment Problem and Corporate Derivatives Use, Financial Management, Vol. 27: 53 – 69.

[90] Ge, W. , Matsumoto, D. and Zhang, J. L. , 2011: Do CFOs have style? An empirical investigation of the effect of individual CFOs on accounting practices, Contemporary Accounting Research, Vol. 28, No. 4: 1141 – 1179.

[91] Géczy, C. C. , Minton, B. A. and Schrand, C. M. , 2007: Taking a view: corporate speculation, governance, and compensation, Journal of Finance, Vol. 62, No. 5: 2405 – 2443.

[92] Geczy, C. , Minton, B. A and Schrand, C. , 1997: Why Firms Use Currency Derivatives, Journal of Finance, Vol. 57, No. 2: 1323 – 1354.

[93] Gilje, E. P. , 2016: Do firms engage in risk – shifting? Empirical evidence, Review of Financial Studies 29, No. 11: 2925 – 2954.

[94] Glaum, M. , 2002: The Determinants of Selective risk management—Evidence from German Non-financial Corporations, Journal of Applied Corporate Finance, No. 14: 108 – 121.

[95] Gormley, T. A. , Matsa, D. A. and Milbourn, T. , 2013: CEO compensation and corporate risk-taking: Evidence from a natural experiment, Journal of Accounting and Economics, Vol. 56, No. 2: 79 – 101.

[96] Graham, J. R., Harvey, C. R. and Puri, M., 2013: Managerial attitudes and corporate actions, Journal of Financial Economics, Vol. 109, No. 1: 103 – 121.

[97] Graham, J. R. and Rogers, D. A., 2002: Do firms' hedge in response to tax incentive, Journal of Finance 57, No. 2: 815 – 839.

[98] Graham, J. R. and Smith C. W., 1999: Tax Incentives to Hedge, Journal of Finance, Vol. 54, No. 6: 2241 – 2262.

[99] Greenspan A., 2003: Corporate governance: Remark at the 2003 conference on bank structure and competition, http: //www. federalreserve. gov/boaddocs/speeches/2003/20030508/default. html.

[100] Guay, W., 1999: The Impact of Derivatives on Firm Risk: An Empirical Examination of New Derivatives Users, Journal of Accounting and Economics, Vol. 26, No. 1: 319 – 351.

[101] Guay, W. R., 1999: The sensitivity of CEO wealth to equity risk: An analysis of the magnitude and determinants, Journal of Financial Economics, Vol. 53, No. 1: 43 – 71.

[102] Guay, W. R. and Kothari, S. P., 2003: How much do firms hedge with derivatives? Journal of Financial Economics, Vol. 70, No. 3: 423 – 461.

[103] Gwilym, R. A. and Ebrahim, M. S., 2013: Can position limits restrain 'rogue' trading? Journal of Banking and Finance, Vol. 37, No. 3: 824 – 836.

[104] Hambrick, D. C., 2007: Upper echelons theory: an update, Academy of Management Review, Vol. 32, No. 2: 334 – 343.

[105] Hambrick, D. C. and Mason, P. A., 1984: Upper Ech-

elons: Organization as a Reflection of Its Managers, Academy Management Review, Vol. 9, No. 2: 193 – 206.

[106] Hagelin, N. , Holmén, M. , Knopf, J. D. and Pramborg, B. , 2007: Managerial stock options and the hedging premium, European of Financial Management, Vol. 13, No. 4: 721 – 741.

[107] Hambrick, D. C. and Finkelstein, S. , 1987: Managerial discretion: a bridge between polar views of organizational outcomes, Research in Organizational Behavior, Vol. 9, No. 4: 369 – 406.

[108] Hambrick, D. C. and Quigley, T. J. , 2014: Toward more accurate contextualization of the CEO effect on firm performance, Strategic Management Journal, Vol. 35: 473 – 491.

[109] Hanlon, M. and Heitzman, S. , 2010: A Review of Tax Research, Journal of Accounting and Economics, Vol. 50, No. 2: 127 – 178.

[110] Hart, O. , 2009: Regulation and Sarbanes – Oxley, Journal of Accounting Research, Vol. 47, No. 2: 437 – 445.

[111] Haushalter, G. D. , 2000: Financing Policy, Basic Risk, and Corporate Hedging: Evidence from Oil and Gas Producers, Journal of Finance, Vol. 55, No. 1: 107 – 152.

[112] Heaton, J. B. , 2002: Managerial optimism and corporate finance, Financial Management, Vol. 3, No. 2: 33 – 45.

[113] Heckman, J. J. , 1979: Sample Selection Bias as a Specification Error. Econometrica, Vol. 47: 153 – 161.

[114] Hentschel, L. and Kothari, S. P. , 2001: Are corporations reducing or taking risks with derivatives? Journal of Financial and Quantitative Analysis, Vol. 36: 93 – 118.

[115] Howton, S. D. and Perfect, S. B. , 1998: Currency and Interest Rate Derivatives Use in US. Firms, Financial Management, Vol. 27, No. 4: 111 – 121.

[116] Huang, W. , Jiang, F. , Liu, Z. and Zhang, M. , 2011: Agency cost, top executives' overconfidence, and investment-cash flow sensitivity—Evidence from listed companies in China, Pacific – Basin Finance Journal, Vol. 19, No. 3: 261 – 277.

[117] Huang, J. and Kisgen, D. J. , 2012: Gender and Corporate Finance: Are Male Executives Overconfident Relative to Female Executives, Journal of Financial Economics, Vol. 108, No. 3: 822 – 839.

[118] Huang, P. A, Knoll, M. S. , 2000: Normative analysis of new financially engineered derivatives, Sourthern California Law Review, No. 73: 471 – 521.

[119] ISDA, 2009: 2009 ISDA Derivatives Usage Survey, http: //www. isda. org/press/press042309 derpdf.

[120] John, A. D. and Sonik, M. , 2018: CEO risk preferences and hedging decisions: A multiyear analysis, Journal of International Money and Finance, Vol. 86, No. 9: 131 – 153.

[121] Kini, O. and Williams, R. , 2012: Tournament Incentives, Firm Risk, and Corporate Policies, Journal of Financial Economics, Vol. 103, No. 2: 350 – 376.

[122] Kleffner, A. E. , Lee, R. B. and McGannon, B. , 2003: The Effect of Corporate Governance on the Use of Enterprise Risk Management: Evidence from Canada, Risk Management and Insurance Review, Vol. 6, No. 1: 53 – 73.

[123] Knopf, J. D. , Nam, J. and Thornton, J. H. , 2002: The volatility and price sensitivities of managerial stock option portfolios and corporate hedging, Journal of Finance, Vol. 57, No. 2: 801 – 813.

[124] Kuerstrn, W. , Linde, R. , 2011: Corporate Hedging versus Risk – shifting in Financially Constrained Firms: The Time – horizon Matters! Journal of Corporate Finance, Vol. 17, No. 3: 502 – 525.

[125] Jalivand, A. , 1999: Why firms use derivatives: Evidence from Canada, Canadian Journal of Administrative Sciences, Vol. 16, No. 3: 213 – 228.

[126] Jalivand, A. , 1999: Why firms use derivatives: Evidence from Canada, Canadian Journal of Administrative Sciences, Vol. 16, No. 3: 213 – 228.

[127] Laverty, J. T. and Grace, M. F. , 2012: Dupes of Incompetents? An Examination of Management's Impact on Firm Distress, Journal of Risk and Insurance, Vol. 79, No. 3: 751 – 783.

[128] Lel, U. , 2012: Currency hedging, corporate governance: A cross-country analysis, Journal of Corporate Finance, Vol. 18, No. 2: 221 – 237.

[129] Leland, H. , 1998: Agency cost, risk management, and capital structure, Journal of Finance, Vol. 53: 1213 – 1243.

[130] Lerner, J. and Tufano, P. , 2011: The consequences of financial innovation: a counterfactual research agenda, Annual Review of Financial Economics, Vol. 3: 41 – 85.

[131] Lin, C. M. and Smith, S. , 2007: Hedging, Financing

and Investment Decisions: A simultaneous Equations Framework, The Financial Review, Vol. 42, No. 2: 191 - 204.

[132] Lin, Y. H., Hu, S. Y. and Chen, M. S., 2005: Managerial optimism and corporate investment: some empirical evidence from Taiwan, Pacific - Basin Finance Journal, Vol. 13, No. 5: 523 - 546.

[133] Liu, Y., Wei, Z. and Xie, F., 2014: Do women directors improve firm performance in China? Journal of Corporate Finance, Vol. 28: 169 - 184.

[134] Lookman, A., 2005. Essays in Corporate Risk Management, Carnegie Mellon University.

[135] Malmendier, U. and Tate, G., 2005: CEO overconfidence and corporate investment, Journal of Finance, Vol. 60, 2661 - 2700.

[136] Malmendier, U. and Tate, G., 2008: Who makes acquisitions? CEO overconfidence and the market's reaction, Journal of Financial Economics, Vol. 89, No. 1: 20 - 43.

[137] Malmendier, U., Tate, G. and Yan, J., 2011: Overconfidence and Early - Life Experiences: The Effect of Managerial Traits on Corporate Financial Policies, Journal of Finance, Vol. 5, No. 66: 1687 - 1733.

[138] Mardsen, A. and Prevost, A., 2005: Derivatives Use, Corporate Governance and Legislative Change: An Empirical Analysis of New Zealand Listed Companies, Journal of Business Finance and Accounting, Vol. 32, No. 1: 255 - 295.

[139] Mian, S. L., 1996: Evidence on corporate hedging poli-

cy, Journal of Financial and Quantitative Analusis, Vol. 31, No. 3: 419 – 439.

[140] Milbourn, T. , 2003: CEO Reputation and Stock – based Compensation, Journal of Financial Economics, Vol. 68, No. 2: 233 – 262.

[141] Miller, H. M. , 1997: Merton miller on derivatives. New Jersey: John Wiley and Sons Inc.

[142] Mishra, D. R. , 2014: The dark side of CEO ability: CEO general managerial skill and cost of equity capital, Journal of Corporate Finance, Vol. 29: 390 – 409.

[143] Nam, J. , Wang, J. and Zhang, G. , 2008: Managerial career concerns and risk management. Journal of Risk and Insurance, Vol. 75, No. 3: 785 – 809.

[144] Nance, D. R. , Smith, C. W. , Smithson C. W. , 1993: On the determinants of corporate hedging, Journal of Finance, Vol. 48, No. 1: 267 – 284.

[145] Ole – Kristian, H. , 2013: Large shareholders and accounting research, China Journal of Accounting Research, Vol. 6, No. 1: 3 – 20.

[146] Prendergast, C. and Stole L. , 1996: Impetuous Youngsters and Jaded Old – Timers: Acquiring a Reputation for Learning, Journal of Political Economy, Vol. 104, No. 6: 1105 – 1134.

[147] Rajgopal, S. and Shevlin, T. , 2002: Empirical Evidence on the Relation between Stock Option Compensation and Risk Taking, Journal of Accounting and Economics, Vol. 33, No. 2: 145 – 171.

［148］Rajgopal, S., Shevlin, T. and Zamora, V., 2006: CEOs' outside employment opportunities and the lack of relative performance evaluation in compensation contracts, Journal of Finance 61, No. 4: 1813 – 1844.

［149］Ryan, S. G., 2007: Financial Instruments and Institutions: Accounting and Disclosure Rules, 2nd ed, New Jersey: John Wiley and Sons Inc.

［150］Samant A., 1996: An Empirical Study of Interest Rate Swap Usage by Nonfinancial Corporate Business, Journal of Financial Services Research, Vol. 10: 43 – 57.

［151］Simsek, Z., 2007: CEO Tenure and Organizational Performance: An Intervening Model, Strategic Management Journal, Vol. 28, No. 6: 653 – 662.

［152］Shao, L. L., Shao J., Sun, Z. and Xu, H., 2019: Hedging, speculation, and risk management effect of commodity future: evidence from firm voluntary disclosures, Pacific – Basin Finance Journal, Vol. 57: 1 – 17.

［153］Smith, C. W. and Stulz, R. M., 1985: The determinants of firm's hedging policies, Journal of Financial and Quantitative Analysis, Vol. 20, No. 4: 391 – 402.

［154］Stulz, R. M., 1996: Rethinking Risk Management, Journal of Applied Corporate Finance, Vol. 9, No. 3: 8 – 24.

［155］Tufano, P., 1998: Agency Costs of Corporate Risk Management, Financial Management, Vol. 27, No. 1: 67 – 77.

［156］Tufano, P., 1996: Who managers risk? An empirical examination of risk management practices in the gold mining industry,

Journal of Finance, Vol. 51, No. 4: 1097 – 1137.

[157] Wang, Z. , Chen, M. H. , Chin, C. L. and Zheng, Q. , 2017: Managerial ability, political connections, and fraudulent financial reporting in China, Journal of Accounting Public Policy, Vol. 36: 141 – 162.

[158] Whidbee, D. A. and Wohar, M. , 1999: Derivative Activities and Managerial Incentives in the Banking Industry, Journal of Corporate Finance, Vol. 5, No. 3: 251 – 276.

后　记

2020 年注定是不平凡的一年，新冠疫情自年初暴发，已经肆虐半年多。写这篇后记的时候，全球累计感染者已经超过了 4 000 万，这是一场远超过 2003 年 SARS 疫情的灾难……疫情一度对我们的日常生活和工作造成了极大的困扰。自寒假起，很长的一段时间一家人足不出户，享受难得的长假生活。不过，疫情的持续压力不断让我们变得愈加严肃起来，持续的居家休闲不再是享受，经济生活亟待重新启动、社会需要重回秩序。孩子爸爸首先走出家门，参加社区抗疫志愿者活动并逐步恢复上班，我第一次成为上网课的女主播，感受不一样的课堂，而孩子们依旧待在家里……

随着武汉疫情的缓解，中国的"抗疫"不断向好的方向发展，在一场闭卷考试中逐渐稳住局面。不过，孩子们的复学依旧遥远。儿子临近小学毕业，每天在家上网课；女儿上不了幼儿园，在家就总是缠着我。一段时间里，我白天基本上什么也干不了。家里每天都是儿子叫女儿闹，有时候这两个小家伙还会吵架干仗，弄得鸡飞狗跳，好不热闹。

到五六月份，儿子女儿陆续复课。学校开学，也是国内疫情逐渐稳定、社会基本重回正轨的最强象征了。我这才得以喘息，终于可以把写书提到日程上来。

本书的写作思考已经持续多年，源头来自我的博士论文，而且加入了很多新的研究思考。此前确实因为疫情，开笔较晚，所以后来就加班加点，把失去的时间抢回来。其间过程是艰辛的，也有些曲折。有时候，对其中章节内容的思考，让我颇费脑筋，因为太过投入，有些走火入魔了。幸得家人的支持和理解，尤其是我的父母，他们几近七十高龄，仍然长期帮我日常料理、为我分担，我实在觉得有愧于他们太多！孩子爸爸日常工作十分繁忙，但仍力尽所能照顾儿子的学习日常，只是女儿太粘我了，他想管也管不了。

　　我非常感谢授业恩师张瑞君教授，是她不嫌学生愚钝，领我进师门，接触到风险管理等最前沿的知识。在我的事业定位上予以了很多的关心和指导。老师的睿智、坚持、自信，时刻都在影响着我的成长，是我终身学习的榜样。我们和加州大学的何莉芸（Joanna L. Y. Ho）教授发表于《中国会计与财务研究》（China Accounting and Finance Review）2020 年第 1 期的论文对于构建本书实证研究思路方面贡献颇多。同时，我要感谢张伟光（Adrian（Waikong）Cheung）教授，他是我在澳大利亚弗林德斯大学做访问学者期间的导师。与我而言，张教授亦师亦友，他不但给予我诸多学术指导，并且让我在异国他乡感受到关怀和温暖。另外，我要感谢宁波大学商学院会计系的各位同仁以及暨南大学的周泳宏副教授，感谢他们给予我的鼓励和支持！现在，日常工作生活基本恢复如常，一切也都步入正轨。在这场与病毒的较量中，彰显了中国特色社会主义的优越性，我们的党和国家对人民之关心、对生命之负责、对世界之贡献，是无与伦比的。反观西方国家疫情得不到有效控制，却总是指责中国、甩锅中国。一次疫情，让我们彻底看清了西方的伪善和真恶；也让我们更加热爱自己的祖国。我们每个人都受惠于这个国家，我们每个人也都有幸生活在这样一个朝气蓬勃、欣欣向荣的国度里。这催促我、激励我全身心地写就本书，希望我的点滴努力为国家的进步出一份力。如果我们所有人的力量汇聚在一起，祖国就会更加繁荣富强。

程玲莎

2020 年 10 月 20 日